KB121019

가성비 좋고 수익률 높은
마법의 소액
부동산 투자

가성비 좋고 수익률 높은

마법의 소액
부동산 투자

뜬구름 잡지 않는 적나라하고 현실적인 소액 투자의 기술

북웰스 · 곽상빈 지음

원앤원북스

소액 부동산에서
길을 찾다

왜 부동산 투자에 관심을 갖고 공부해야 할까요?

누구나 그렇듯 저 역시 입시 경쟁을 뚫고 대학에 진학해 스펙을 쌓고 회사에 입사했습니다. 그렇게 모든 고민이 끝나는 줄 알았습니다. 별다른 고민 없이 탄탄대로를 걸을 줄 알았습니다. 그런데 웬걸, 통장에 찍히는 실수령금을 보니 답이 안 나왔습니다. 더 충격적인 것은 직장 상사들의 모습이었습니다. 유주택자보다 무주택자가 많았던 것입니다. 그들의 미래가 곧 나의 미래일 텐데, 절망적이었습니다.

어릴 적 아버지의 사업이 어려워지면서 가족 모두 단칸방에 산 적이 있습니다. 정말 방만 있었죠. 심지어 화장실은 공용으로 실외에 있었습니다. 그래서 집에 대한 애착이 더 컸는지도 모릅니다.

임금은 고만고만 제자리걸음인데 자산의 상승 속도는 너무 빨랐습니다. 같은 사무실에 앉아 있었지만 부동산을 가지고 있느냐 아니냐에 따라 처지는 완전히 달랐습니다. 리스크를 감수하고 큰마음을 먹은 사람, 다시 말해 빚을 지고 집을 산 사람 외에는 직장 내 대다수가 무주택자였습니다.

이대로는 안 되겠다는 생각으로 부동산 공부를 시작했습니다. 부자가 되는 방법과 관련된 책도 함께 읽었습니다. 단순히 그냥 읽은 게 아니라 여러 책을 재독, 삼독 파고들어 제 삶에 적용했습니다. 그렇게 4년간 500여 권의 책을 읽고 부동산 고수들의 노하우를 어느 정도 체화하자 '이렇게 하면 부자가 안 될 수가 없겠구나!' 하는 확신이 들었습니다.

그때부터 가성비 좋고 수익률 높은 소액 부동산에 투자하고자 한 달에 한 지역씩 임장을 다녔습니다. 매달 약 150여 쪽의 임장보고서를 작성하고, 한 달에 최소 50여 개의 매물을 분석했습니다. 책으로 많은 걸 알고 배울 수 있지만 지식을 완전히 내 것으로 만들기 위해서는 현장 경험이 필요합니다.

실제 투자를 해보니 매매가와 전세가에 일정한 패턴이 있음을 확인할 수 있었습니다. 물론 지역마다 특성이 있고 연관 지역에 따라 그 양상이 달라지기도 하며 대외변수(거시경제, 금리, 부동산 정책 등)에 따라 패턴이 조금 다를 수 있지만 전체적인 흐름은 비슷하다고 생각합니다. 타이밍을 알고, 해당 물건의 가치를 알고, 가격이 적정한지만 확인하면 누구나 부동산 투자에 성공할 수 있습니다.

우리가 선뜻 투자에 나서지 못하는 이유는 그릇된 편견 때문입니다. 실제로 '부동산'이라 하면 큰돈이 들어갈 것이라 걱정합니다. 특히 아직 모은 자산이 적은 사회초년생이라면 선뜻 투자에 나서기가 쉽지 않습니다. 자본금도 없고 경험도 없으니 두려움이 앞서는 건 당연합니다. 저 역시 그랬으니까요.

그런데 시장을 들여다보니 생각보다 소액으로 투자할 수 있는 부동산이 정말 많더라고요. 소액 부동산 투자라고 해서 요행으로 대박을 노리라는 말이 아닙니다. 실패할 확률이 낮은 저렴하고 경쟁력 있는 매물을 가려내는 '선구안'을 키워 차근차근 자산을 늘려야 한다는 뜻입니다. 고액이 드는 상급지 투자는 소액 부동산 투자로 경험을 쌓은 이후에 시작해도 늦지 않습니다.

자산에는 변동성이 있습니다. 우상향한다고 해도 일시적으로 올라갔다 내려갔다를 반복할 수밖에 없습니다. 항상 흔들림이 있을 수밖에 없습니다. 이 흔들림에 절망하고 포기하는 사람이 있는 반면, 확신을 갖고 긴 안목으로 투자를 이어가는 사람도 있습니다. 다른 사람의 말을 믿고 사면 시장이 등락할 때마다 후회하게 될 것입니다. 내가 직접 고민하고, 찾아보고, 그리하여 해당 부동산의 미래 가치에 확신을 갖고 사면 혹시 떨어지더라도 흔들릴 일이 없습니다. 이 책을 읽는 모두가 그런 자신감을 가지고 부동산에 투자하길 바랍니다. 부자로 가는 길에, 경제적 자유를 꿈꾸는 길에 이 책이 나침반의 역할을 할 것입니다.

북웰스

감정평가사는 「감정평가 및 감정평가사에 관한 법률」에 의거해 토지 및 그 정착물, 동산 등과 이들에 관한 소유권 외의 권리의 경제적 가치를 판정해 그 결과를 가액으로 표시하는 것을 직업으로 하는 전문가입니다. 감정평가사가 작성하고 서명한 '감정평가서'는 해당 부동산의 시장 가치를 대변하며 평가 대상의 가치를 보장하는 역할을 합니다. 특히 재개발 등 정부 차원의 공공사업에는 손실 보상의 문제가 뒤따르는데요. 매년 발표되는 공시지가를 산정하는 업무도 하게 되고, 이것이 세금을 매기는 기준가격이 되어 중요한 역할을 합니다.

감정평가사로서 그동안 토지와 건물 가격을 매기는 감정평가와 관련된 일을 하다 보니 부동산이야말로 모든 경제적 현상을 집약하고 있는 '이슈 덩어리'라는 생각을 하게 되었습니다. 저는 사회초년생 때부터 줄곧 세입자로 지내다가 최근에 빌라를 한 채 샀습니다. 해당 빌라가 있는 지역에 재개발 사업이 추진되면서 지역주택조합이 결성되었고, 지역주택조합원의 지위도 얻게 되었죠. 그리고 지인과 공동으로 투자한 송파구 꼬마빌딩의 시세가 약 7억 원 정도 오르자 비로소 부동산 투자의 효능감을 실감했습니다. 부동산만큼 제대로 공부하면 안전하게 돈을 벌 수 있는 분야도 없다는 것을 말이죠.

감정평가 실무와 부동산을 공부하면서 자연스럽게 재개발·재건축에 대해 관심을 가지게 되었고, 현재는 관련 분야에 대한 다양한 기고도 이어오고 있습니다. 최근에는 『감정평가사 법전』 『한권에 끝내는 감정평가사 서브노트』 『감정평가 및 보상법규』 등을 출간하기도 했고요. 그만큼 금융, 회계 분야뿐만 아니라 부동산 분야의 전문가라고 감히 말씀드리고 싶습니다. 한 걸음 더 나아가 그동안 정리한 부동산 투자 전반에 대한 지식을 쉽고 풀어보고자 이 책을 준비하게 되었습니다.

코로나19 팬데믹을 계기로 막대한 유동성이 풀리면서 우리나라 투자 대상의 '3총사'라고 할 수 있는 부동산, 주식, 암호화폐 모두 전반적으로 상승했습니다. 그 결과 많은 사람이 상대적 박탈감에 시달려야 했습니다. 그중에서도 부동산은 오랜 기간 꾸준히 우상향하고 있습니다. 수요는 넘치는데 공급은 부족하니 어찌 보면 당연한 일입니다. 인플레이션으로 인해 화폐성 자산의 가치는 낮아진 반면, 부동산과 같은 실물자산의 가격은 견고히 상승했습니다.

부동산은 '부동성'과 '고정성'이라는 특성이 있어서 사라질 위험이 없고 분실의 위험도 없으며 가치 변동도 상대적으로 낮은 안전자산입니다. 물론 그렇다고 무턱대고 투자한다면 큰코다칠 수 있습니다. 왜냐하면 부동산은 등기수수료, 양도소득세, 취득세, 중개수수료 등 각종 비용이 발생하고 환금성이 낮아 생각보다 장기간 목돈이 묶일 수 있기 때문입니다. 게다가 시황과 각종 규제를 모르고 투자를 하면 긴긴 시간 애를 먹을 수 있습니다.

주식과 암호화폐는 하루에도 몇 번씩 사고팔 수 있지만 부동산은 그렇지 않습니다. 돈이 무한정 있는 갑부가 아닌 이상 대부분 대출을 받아서 투자를 할 것입니다. 부동산을 소유하고 있는 동안 이자도 갚고 원금도 갚는 것이 여러모로 비용 절감에 유리합니다. 부동산 가격이 오르는 속도가 빠르다면 이자를 감수하고도 차익이 발생하지만, 돈이 묶여 있는 동안 생각보다 가격 상승이 일어나지 않아 오히려 손해를 보기도 합니다. 그러니 더 꼼꼼하게 공부하고 투자해야 합니다.

부린이라면 부동산 투자에 앞서 해야 할 공부가 굉장히 많습니다. 부린이로 하여금 기초적인 개념을 잡고 시행착오를 줄일 수 있도록 이 책을 구성했습니다. 이 책이 이제 막 부동산 투자의 세계에 진입한 여러분에게 도움이 되는 지침서가 되길 바랍니다.

곽상빈

목차

1장 소액 부동산 투자를 위한 최소한의 공부

2장 그래서 지금 사도 되나요?

3장 그래서 가격은 적절한가요?

4장 시작은 내 집 마련부터

5장 소액으로 시작하는 실전 경매 투자

6장 부린이를 위한 조언

1장

소액 부동산 투자를 위한
최소한의 공부

01
부동산 투자에도
원칙이 필요하다

감정평가사는 부동산 분야에서 최고의 권위를 가진다고 알려진 전문직이지만, 사실 제가 부동산 투자에 눈을 뜬 지는 그리 오래 되지 않았습니다. 주식 투자는 대학생 때부터 줄곧 해왔지만 부동산 투자는 목돈이 필요한 영역이란 생각에 선뜻 손이 가지 않았죠. 그런데 이전에 매입한 빌라가 재개발 구역으로 편입되고, 지인과 공동으로 투자한 송파구 꼬마빌딩의 시세가 크게 오르면서 비로소 부동산 투자의 효능감을 실감했습니다.

주식, 암호화폐는 변동성이 어마어마하지만 부동산은 비교적 안정적입니다. 또 인플레이션만큼 지속적으로 가격이 상승하며 실물이 존재하기 때문에 휴지조각이 될 위험도 없죠. 게다가 담보대출을 잘 이용하면 종잣돈이 크지 않아도 얼마든지 투자를 시작할 수 있습니다. 누구나 할 수 있지만 시도를 하지 않을 뿐입니다.

준비된 자만이
돈을 벌 수 있다

부동산 투자는 지인이 알려주는 정보로 하는 것이 아닙니다. 직접 주변의 시세 흐름도 보고, 현장에 가서 호재나 악재는 없는지 살펴보고, 인터넷에서 해당 지역의 발전 가능성이나 상권, 유동인구, 각종 이슈를 찾은 다음 투자해야 확실한 수익을 올릴 수 있습니다. 손품, 발품을 파는 만큼 돈을 버는 분야가 부동산인 것입니다.

시중에 관련 책도 많고 동호회, 카페도 상당히 활성화되어 있습니다. 방송과 강연도 많고요. 직접 찾아보고 공부해야 '돈 버는 눈'이 생깁니다. 이 절차가 귀찮다고 '묻지마 투자'를 했다가는 망하기 십상입니다. 섣불리 위험을 감수하고 액수가 큰 부동산을 매입했다가 나중에 처분되지 않으면 그 빚은 고스란히 투자자 본인에게 돌아옵니다. 또 내가 들인 시간과 돈에 비해 막상 건지는 돈이 적을 가능성도 배제할 수 없습니다.

부린이일수록 초반에 무리하게 특정한 물건에 투자금을 편중해선 안 됩니다. 예를 들어 훗날 프리미엄이 붙을 것을 기대하고 값비싼 아파트 분양권을 매입했는데, 전세입자를 구하지 못하거나 대출에 실패해 현금 확보에 어려움을 겪는 사례가 많습니다. 그러는 동안 대출 이자와 세금만 눈덩이처럼 불어나고 결국 낮은 가격에 손해를 보고 팔게 되죠.

부동산 투자의 대표적인 리스크로는 대출 이자, 세금, 그리고 목돈이 묶여 다른 투자 기회를 놓치게 되는 기회비용이 있습니다. 생각보다 리스크를 관리하기가 쉽지 않습니다. 실패하지 않으려면 언제 다시 팔지, 세금은 얼마나 나올지, 대출은 어느 정도 가능한지, 이자 비용은 어느 정도인지, 다른 대안은 없는지 등을 사전에 꼼꼼히 챙겨야 합니다. 현금흐름표를 그려서 최종적으로 이 투자를 할지 말지 면밀히 검토할 필요가 있습니다.

어떤 투자든 마찬가지겠지만 부동산 투자도 현금 유동성이 중요합니다. 대출을 끼고 사더라도 최소한의 종잣돈이 있어야 투자가 가능합니다. LTV, DTI 등 대출 규제가 빡빡한 상황이라면 더욱이 현금 확보에 어려움은 없는지 신경 써야 합니다. 매매가와 전세가 차이가 거의 나지 않는 아파트에 투자할 때는 특히 유의해야 합니다. 현금 여력이 없는 상태에서 시세가 하락하면 전세금을 감당하지 못하고 파산할지도 모릅니다.

한창 갭투자가 유행하던 시절에는 강남에 아파트를 산 다음 전세를 놓고, 그 전세금으로 다른 아파트를 사는 방식으로 투자하는 경우가 많았습니다. 이러한 투자는 부동산 시장이 호황일 때는 큰 문제가 없습니다. 전세금보다 부동산 시세가 많이 오르고 처분도 잘되기 때문에, 일종의 레버리지 효과로 부동산 가격 상승분 대비 수익률은 몇 배로 뛰게 됩니다. 그러나 세상에 영원히 오르기만 하는 자산은 없습니다. 갭투자를 잘못했다가 부동산 가격이 하락하면 정말 순식간에 파산할 수 있습니다. 부동산을 처분해도 전세금을 돌려주지 못하는 상황이 충분히 벌어질 수 있습니다.

또 엑시트 시점에 따라 전략과 자세를 달리해야 합니다. 단기 투자는 부동산을 매수하는 시기와 부동산을 처분하는 시기가 짧은 경우를 말하고, 장기 투자는 투자금을 회수하는 기간이 상대적으로 긴 경우를 말합니다. 만약 특정 물건에 투자했는데 그 일대에 호재나 행정계획이 장기적으로 잡혀 있고, 유동인구도 천천히 늘어나는 추세라면 장기 투자를 염두에 둬야 합니다. 물론 여윳돈이 없는 상황에서 무리하게 장기 투자를 계획한다면 오히려 더 좋은 기회를 놓칠 수 있으니 주의해야 합니다.

종잣돈이 적은 초기에는 저평가된 부동산을 알아보고 단기 투자를 통해 차근차근 자산을 늘려야 합니다. 내부에 하자가 있더라도 입지나 다른 요소에 경쟁력이 있다면 약간의 수리나 인테리어 개선을 통해 단기간 시세차익을 얻을 수 있습니다. 이렇게 몇 차례 소액 부동산 투자를 통해 차근차근 종잣돈을 확보한 다음 장기 투자에 도전해야 합니다.

아무리 수익률이 높다고 해도 1년 혹은 보다 단기간으로 수익률을 환산해볼 필요가 있습니다. 예를 들어 부동산 값이 2배로 올라서 수익률 100%를 달성했다 해도 10년이 걸렸다면 연간 수익률은 10%에 불과합니다. 만일 지금 사서 1년 후에 30% 정도 오른 가격에 처분할 수 있다면 훨씬 위험도 덜하고 가성비 좋은 투자라고 할 수 있습니다.

생각보다 처분 시기, 즉 엑시트 시기를 생각하지 않고 투자하는 경우가 많습니다. 이상적인 엑시트 시점은 부동산 시장이 호항기여서 많은 이가 부동산을 매입하고자 하는 시점이 최적이라고 볼 수 있습니다. 누구든 부동산을 매수하려고 한다는 것은 그만큼 부동산 가격에 버블이 형성되어 있다는 의미입니다. 즉 가격이 오를 만큼 올랐거나 조만간 조정이 올 수도 있다는 뜻입니다. 고가라고 판단될 때를 잘 파악해 매도해야 합니다.

그럼 시장의 동향과 시세의 흐름은 어떻게 파악해야 할까요? 다행히 요즘에는 프롭테크(정보기술을 결합한 부동산 서비스 산업)가 발전해서 여러 플랫폼과 애플리케이션(이하 앱)을 통해 내가 원하는 지역의 부동산 시세와 매물을 쉽게 찾아볼 수 있습니다. 특히 많은 이가 이용하는 사이트가 네이버페이 부동산(land.naver.com)입니다. 그런데 진짜 좋은 물건 혹은 가성비 좋은 급매 물건은 이런 사이트나 앱에 올라오지 않습니다.

예전부터 여러 일로 공인중개사들과 협업할 기회가 많았는데 항상 듣는 이야기가 있습니다. 진짜 좋은 매물은 인터넷에 올리지 않고 단골에게 독점적으로 중개한다는 것입니다. 그들도 바보가 아닌 이상 경쟁자에게 매물을 노출해 물건을 빼앗기는 것을 원치 않기 때문입니다. 실제로 물밑에서 관리되는 매물이 상당히 많습니다. 단순히 손품만으로는 좋은 매물을 찾기 힘들기 때문에 전체적인 시황과 동향을 파악하는 데 의의를 두는 것이 좋습니다.

만약 인터넷에 한 달이고 두 달이고 거래되지 않은 물건이 있다면 좋은 물건인지 의심해볼 필요가 있습니다. 정말 좋은 물건은 공인중개사만 아는 경우가 많기 때문에 직접 현장에 나가 소통하고 친분을 쌓으면서 투자를 하는 것이 좋습니다.

공인중개사 입장에서는 엄청나게 좋은 매물이 나오면 본인이 먼저 투자하거나 가족과 친지에게 추천할 것이 분명합니다. 그래도 물건이 남으면 친한 고객에게 추천하고 그다음에 인터넷에 매물을 올린다고 봐야 합니다. 그래서 단순히 프롭테크와 앱만 보고 투자하는 것은 지양해야 합니다.

원칙과 우선순위가
있어야 한다

부동산 값이 오르면 신나서 투자하고, 부동산 값이 떨어지면 투자를 접는 것은 지양해야 합니다. 수익을 내기 위해서는 시장의 생태를 이해하고 기회를 포착할 수 있는 원칙을 가져야 합니다. 아무리 상승세가 높아도 한 번은 주춤하는 시기가 오기 마련입니다. 그때가 바로 저가 매수할 수 있는 기회입니다. 물론 하락장이라 해서 아무런 준비와 조사 없이 덜컥 집을 사면 낭패를 볼 수 있습니다. 손품도 팔고, 공인중개사도 찾아가고, 신중하게 검토할 필요가 있습니다.

꾸준히 공부하다 보면 누구에게나 기회는 옵니다. 그 기회를 잡기 위해 공부해야 하며, 부동산 시장에 늘 관심을 두고 공부를 계속해야 합니다. 지속적으로 이러한 과정을 거치다 보면 자연스럽게 투자에 대한 원칙이 세워질 것입니다. 원칙이 세워진 다음에는 투자의 우선순위를 따져야 합니다.

부동산 가격을 결정하는 요인 중에 가장 영향력이 큰 것은 '입지'입니다. 지역마다 상권, 인구 분포, 활용도가 각기 다릅니다. 그렇기 때문에 집을 살 계획이라면 어느 동네인지부터 고민하는 것이 맞습니다. 우량한 지역일수록 가격 상승폭은 클 것이고, 하락하더라도 하락폭이 적을 것입니다. 사람들이 강남 주택을 선호하는 이유가 여기에 있습니다.

지역을 결정했다면 이제 우선순위를 따져야 합니다. 직장과 가까울수록, 작은 골목 안쪽보다는 대로변과 가까울수록, 지하철역이나 버스정류장과 가까울수록, 유동인구가 많을수록, 생활 인프라가 좋을수록 경쟁력이 있다는 건 누구나 아는 사실입니다. 모든 조건을 충족하면 좋겠지만 정말 많은 자본이 없다면 현실적으로 그런 물건을 잡는 것은 어려운 일입니다. 따라서 우선순위를 정해 물건을 분류한 다음 가성비를 따져야 합니다.

02

꼭 알아야 하는
사이트들

도움이 되는
8가지 사이트

본격적으로 부동산 투자에 대해 배우기 전에 꼭 알아야 하는 사이트들이 있습니다. 정보 수집은 부동산 투자에 있어 매우 중요한 요소입니다. 정보량이 많을수록 실패의 리스크도 줄어들기 때문입니다. 지금부터 소개하는 여러 사이트를 즐겨찾기(북마크)에 저장해두고 틈틈이 모니터링하기 바랍니다.

1. '네이버페이 부동산'은 기본 중의 기본

누가 뭐래도 가장 기본은 네이버페이 부동산입니다. 본래 서비스 명은 '네이버 부동산'이었지만 2023년 6월 네이버페이 생태계로 통합되었습니다. 네이버페이 부동산 홈에 들어가면 매물, 분양, 뉴스, 커뮤니티, 경매, MY페이지, 우리집으로 메뉴가 구분되어 있어요. 그중에서 매물 메뉴가 가장 활용도가 좋습니다. 중앙 지도에서 원하는 지역을 선택하면 관련된 매물을 한눈에 볼 수 있습니다.

매물 메뉴를 누르면 중앙에 지도가 나오고 상단에 아파트·오피스텔, 빌라·주택, 원룸·투룸, 상가·업무·공장·토지, 분양 등 종류별로 선택해 조회해볼 수 있습니다. 예를 들어 서초역에서 사무실을 찾는다고 가정해봅시다. 서초역을 검색한 후에 '상가·업무·공장·토지'

네이버페이 부동산 메인 화면

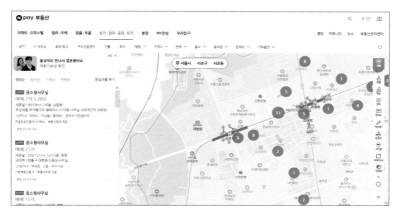

네이버페이 부동산 '매물' 메뉴에서 서초역 사무실을 검색한 화면

를 클릭하면 관련된 매물이 시세와 함께 추려집니다. 좀 더 세세히 검색하고 싶다면 상단에서 '사무실'만 체크하고 나머지는 해제한 다음, '거래 방식'에서 매매만 활성화시키고 전세, 월세 등은 비활성화합니다. 이 밖에 가격대, 면적, 층수, 융자금, 관리비, 기타 옵션에서 조건에 맞는 매물을 추릴 수 있습니다.

　이러한 방식으로 매물을 찾은 다음 좌측에 뜬 물건을 누르면 자세한 정보를 확인할 수 있습니다. 구체적인 소재지와 평당가, 관리비, 주차 가능 여부 등 관련 정보가 상세히 기재되어 있습니다. 해당 메뉴에서 공인중개사는 누구이고 중개보수와 세금은 얼마인지도 확인 가능합니다. 이렇게 네이버페이 부동산을 통해 손품을 팔아 원하는 매물 정보를 따로 취합한 후에 공인중개사와 만나거나, 직접 임장을 가

다른 더 좋은 매물은 없는지 확인하면서 투자를 진행하는 것이 좋습니다.

2. 실거래가 확인이 용이한 '호갱노노'

네이버페이 부동산이 매물의 호가 정보를 한눈에 보기 좋게 제공하는 곳이라면, 호갱노노(hogangnono.com)는 국토교통부 실거래가를 기반으로 운영되기 때문에 보다 현실적인 시세를 파악할 수 있습니다. 사람들이 관심을 갖고 있는 지역이나 분양 예정 물건 등을 정리해 보여주고 있어 의사결정에 도움이 됩니다.

호갱노노는 아파트 단지 신고가, 가격 변동, 인구, 공급, 학원가,

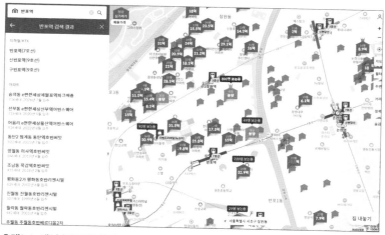

호갱노노에서 '반포역' 일대를 검색한 화면. 붉은색 왕관이 올라간 단지가 그 지역의 대장 아파트다.

거래량 등 상세한 필터를 제공해 내가 원하는 맞춤형 아파트를 검색하는 데 유용하게 활용됩니다. 아파트뿐만 아니라 오피스텔. 분양, 경매, 재건축 등 다양한 정보를 제공하고 있어 부동산 투자를 고려하고 있다면 틈틈이 접속해 활용할 필요가 있습니다.

초기 화면에서 원하는 동네를 검색하면 특이한 점을 발견할 수 있는데요. 붉은색으로 표시된 왕관이 씌워져 있는 물건이 보일 것입니다. 붉은색 왕관이 올라간 단지가 바로 그 지역의 대장 아파트입니다. 가장 인기가 많고 가격도 급등하는 단지죠. 사용자가 많이 클릭한 횟수에 따라 노출되기 때문에 가장 비싼 아파트는 아닐지라도 가장 인기 있는 아파트라고 볼 수 있습니다.

메뉴 중 '신고가'가 있는 이유는 최근 시세 동향을 파악하기 위함입니다. 아파트 가격은 상승하더라도 단기적으로 변동이 심할 수 있어요. 최근 3개월 내 기존 최고가를 넘어선 실거래가 있었는지 확인함으로써 현재의 가격 수준과 시황을 알아볼 수 있습니다. 신고가는 1개월 단위로 확인할 수 있으며 주변 아파트와의 비교를 통해 향후 시세를 가늠해볼 수 있습니다.

그다음으로 '인구' 메뉴도 유용합니다. 인구가 몰리는 지역의 집값은 무조건 오르기 마련입니다. 수요와 공급의 법칙에 따라 수요가 늘어나면 자연스럽게 가격은 상승 압력을 받게 되죠. 그렇기에 인구 동향을 잘 파악하면 투자 지역을 선별하는 데 큰 도움이 됩니다. 인구

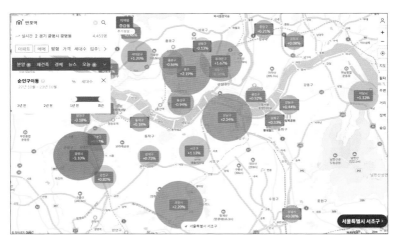

호갱노노 '인구' 메뉴 화면(2024년 1월 기준)

메뉴에서 붉은색 원은 인구 증가, 파란색 원은 인구 감소를 의미합니다. 원이 크고 색이 진할수록 상대적으로 많은 인구 이동이 있었다는 뜻입니다. 원에 적힌 수치는 기간별 세대수의 증감을 나타냅니다. 원을 선택하면 어느 지역에서 유입되었고, 어느 지역으로 유출되고 있는지 확인할 수 있습니다.

'거래량' 메뉴도 인구 메뉴와 형식은 유사합니다. 붉은색 원은 거래량 증가를, 파란색 원은 거래량 감소를 나타냅니다. 원이 크고 색이 진할수록 상대적으로 거래량이 많다는 뜻입니다. 거래량이 증가한다는 것은 그만큼 매매가 활발해진다는 의미입니다. 그런데 반대로 물건을 팔려는 사람이 많다는 의미로도 해석될 수 있기 때문에 거래량이 많다고 무조건 좋은 것은 아닙니다. 다만 거래량이 많은데 가격까지 상승하고 있다면 분명 투자 가치가 있는 지역이라는 뜻입니다.

3. 트렌드 파악에 용이한 'KB부동산'

KB국민은행에서 운영하는 KB부동산(kbland.kr)은 주택 분야에 있어서 양질의 정보가 많은 곳입니다. 원하는 지역을 검색한 다음 매물을 클릭하면 매매, 전세, 시세 추세 및 실거래 사례, 인기도 랭킹 등을 한눈에 볼 수 있습니다. 네이버페이 부동산에서 확인 가능한 정보도 있지만 KB부동산만이 제공하는 뉴스와 정보도 있기 때문에 함께 보는 것이 트렌드 파악에 도움이 됩니다.

4. 양질의 통계 정보를 제공하는 '한국부동산원'

한국부동산원(www.reb.or.kr)은 관련 통계와 자료를 찾아보기에 유용합니다. 특히 한국부동산원은 청약홈(www.applyhome.co.kr)으로 유명한데요.

청약홈에서는 각종 청약 관련 정보(분양주택 정보, 경쟁률과 지역, 건설업체와 연락처, 모집공고일, 청약 기간, 당첨자 발표일 등)를 제공합니다. 청약 문의와 상담 서비스도 제공하고 있어 좌측 하단의 연락처로 연락하면 보다 상세한 설명을 들을 수 있습니다. 참고로 '청약일정 및 통계' 메뉴에서 '청약알리미 신청' 서비스를 이용하면 실시간으로 문

한국부동산원이 운영하는 청약홈 화면

한국부동산원이 운영하는 부동산통계정보시스템 화면

자를 통해 청약 정보를 받아볼 수 있습니다.

한국부동산원만의 독보적인 기능은 통계 정보에 있습니다. 한국부동산원이 운영하는 부동산통계정보시스템(www.reb.or.kr/r-one)을 이용하면 양질의 통계 정보를 무료로 확인할 수 있습니다. 예를 들어 '전국지가 변동률조사' 메뉴를 클릭하면 연도별, 지역별 지가의 추세와 변동률을 한눈에 볼 수 있어요. 이 밖에 역세권 지가지수, 주요 정책 사업(혁신도시) 지가지수, 산업단지 지가지수, 농가 지가지수, 실질 지가지수 등 지역별로 통계를 제공하고 있어 지엽적인 호재와 이슈를 보다 객관적으로 볼 수 있습니다. 또 공동주택 실거래가격지수 추이를 통해 내가 투자하려는 지역의 주택이 평균적으로 상승세에 있는지, 하락세에 있는지 판단할 수 있습니다.

5. 공매 정보를 제공하는 '온비드'

시세보다 싸게 부동산을 매입하고 싶다면 경·공매 제도를 활용하는 것이 좋습니다. 공매에 관심이 있다면 한국자산관리공사가 운영하는 온비드(www.onbid.co.kr)를 활용하길 추천합니다. 공매란 금융기관, 기업체가 가진 비업무용 재산 및 세금 체납으로 인한 압류 재산을 처분하는 것으로, 약정한 기간에 돈을 회수하지 못해 매각 의뢰한 담보물이 공매 물건의 상당수를 차지합니다.

온비드 사이트에서 '부동산' 메뉴를 클릭하면 물건을 검색할 수

온비드에서 강남구 공매 물건을 검색한 화면(2024년 1월 기준)

있습니다. 지도 검색 기능을 이용해 강남구를 클릭해보면 2024년 1월 기준 3건(삼성동 1건, 수서동 1건, 자곡동 1건)의 공매가 진행 중임을 알 수 있습니다. 물건 정보와 함께 입찰 기간, 최저 입찰가, 감정가 최초 예정가, 최저 입찰률뿐만 아니라 유찰 횟수도 확인 가능합니다. 유찰이 될 때마다 최초 가격에서 보통 10~20%씩 가격이 하락하므로 유찰 여부를 고려해서 투자 계획을 세워야 합니다.

6. 경매 정보를 제공하는 '법원경매정보'

경매 정보를 확인하고 싶다면 대한민국법원 법원경매정보(www.courtauction.go.kr)를 활용하면 됩니다. 경매란 물건을 팔고자 하는

법원경매정보 '물건상세검색' 메뉴 화면

매도인이 물건을 사고자 하는 다수의 매수 희망인에게 매수 청약을
실시해 그중 가장 높은 가격으로 청약한 사람에게 물건을 매도하는
형태의 거래를 말합니다. 법원경매정보는 경매를 고려하고 있다면 필
수적으로 확인해야 하는 곳입니다.

법원경매정보 '물건상세검색' 메뉴에서 원하는 경매 정보를 취합
할 수 있습니다. 법원 소재지나 물건 소재지를 입력하고 사건번호는
그대로 둔 채 용도, 감정평가액, 최저매각가격, 면적, 유찰 횟수, 최저
매각가율 등을 설정하고 검색합니다. 검색 결과가 뜨면 관심 있는 물
건을 골라 상세한 정보를 확인할 수 있고, 기일입찰의 경우 별도로 기
일을 확인해 입찰에 참여할 수 있습니다.

참고로 경매는 반드시 좀 더 깊이 있게 공부하고 권리분석을 제대로 한 다음에 참가해야 합니다. 저렴해 보인다고 무턱대고 낙찰을 받을 경우 선순위 채권자들로 인해 압류되어 오히려 손해를 볼 수 있습니다.

7. 대출 정보 확인이 용이한 '주택도시기금'

주택과 관련해 대출이 필요한 경우 은행에 곧바로 연락해 알아보는 방법도 있지만 인터넷으로 관련 정보를 취합하고 연락하는 편이 효율적일 것입니다. 이때 유용한 사이트가 주택도시기금(nhuf.molit. go.kr)입니다. 해당 사이트에서 주택 자금 및 전세금 대출 정보를 쉽게 확인할 수 있습니다. 게다가 청약 관련 정보도 제공하고 있어 꾸준히 살펴볼 만합니다. 특히 유용한 부분은 '내집마련 마법사' 서비스입니다. 해당 서비스로 대출 신청 자격을 미리 확인할 수 있고, 예상 대출액을 산출할 수 있습니다.

참고로 전국은행연합회(www.kfb.or.kr)도 대출 정보를 찾기 유용한 곳입니다. 상단 '소비자포털' 메뉴를 이용하면 금융상품 정보, 금리 및 수수료 비교, 금융 서비스 정보 등을 확인할 수 있습니다. 시중은행의 대출 금리 정보를 언제든지 필요할 때 조회할 수 있습니다. 대출은 대출 가능성과 금리가 매우 중요한 요소이므로 해당 사이트를 이용해 미리 비교해보고 대출 상담을 받아보는 것이 좋습니다. 대출 조회 시 신용등급이 하락하는 문제가 있을 수 있는데 해당 사이트를 이용하면 이러한 불이익이 없는 것도 장점입니다.

8. 등기 열람이 가능한 '대법원 인터넷등기소'

부동산 거래 시 낭패를 보지 않으려면 상대방이 진짜 소유자인지, 권리관계는 어떻게 되는지 서류를 통해 면밀히 살펴봐야 합니다. 그러한 권리관계에 대한 정보는 등기사항전부증명서(이하 등기)에 나타나 있는데요. 대법원 인터넷등기소(www.iros.go.kr)는 등기를 편리하고 간편하게 열람하고 발급받을 수 있는 곳입니다. 등기 열람과 발급뿐만 아니라 거래 이후 등기를 하고자 할 때도 해당 사이트를 통해 처리하면 훨씬 간편합니다.

03
시작은
시세 파악부터

부동산 시세는 고정된 것이 아니라 실제 거래되는 가격에 따라 변화합니다. 그렇기 때문에 다양한 사이트를 통해 현재 가격이 어느 정도인지 면밀히 파악한 다음, 직접 공인중개사와 접촉해 물어볼 필요가 있습니다. 내가 투자하려는 지역의 가격대가 어느 정도인지, 시세 추이는 어떤지 대략적으로 파악하고 내 금전적 여력을 고려해 움직이는 것이 좋습니다. 인터넷에 올라온 가격보다 실제로 더 싸게 거래되는 경우도 많기 때문에 이후에는 직접 발품을 파는 것이 중요합니다. 그럼 먼저 부동산 시세를 조회하는 방법부터 구체적으로 알아보겠습니다.

부동산 시세
조회하는 방법

가장 기초적인 방법은 네이버페이 부동산을 이용하는 것입니다. 네이버페이 부동산에서 원하는 지역과 부동산의 종류를 설정하고 검색하면 해당 동네에 올라온 매물을 살펴볼 수 있습니다. 예를 들어 서울시 강남구 도곡동을 검색하고 '아파트' '아파트 분양권'을 체크한 후 지도를 살펴보면 그 일대 매물의 면적과 가격을 한눈에 확인 가능합니다. 내가 관심을 가지고 있는 매물이 주변 시세 대비 저평가되어 있는지, 아니면 고평가 상태인지 파악하기 가장 쉬운 방법입니다.

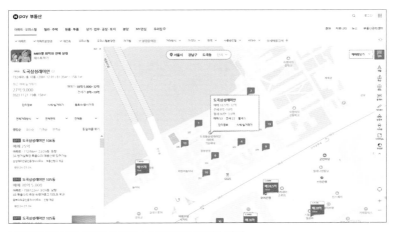

네이버페이 부동산에서 '도곡삼성래미안'을 검색한 화면

만약 '도곡삼성래미안'의 매매가가 궁금하다면 지도에서 해당 물건을 클릭한 후 좌측 정보창에서 '매매'만 눌러 조회합니다. 그러면 최근순으로 확인 매물이 올라오는데요. 좀 더 구체적인 정보가 궁금하다면 해당 매물을 클릭하면 확인할 수 있습니다. 같은 매물임에도 어떤 공인중개사가 올렸는지에 따라 간혹 매매가격이 다른 경우도 있습니다. 또 이미 거래가 성사된 매물도 있을 수 있어 잘 비교해보고 직접 전화를 걸어 확인해야 합니다. 주변 시세와 상황도 직접 탐문 조사해볼 필요가 있겠죠.

아파트 실거래가 정보에 특화된 플랫폼 아실(asil.kr)도 함께 보면 좋습니다. 아실의 장점은 가격의 추세를 읽어볼 수 있다는 점입니다.

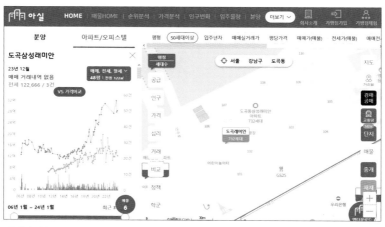

아실에서 '도곡삼성래미안'을 검색한 화면

마찬가지로 서울시 강남구 도곡동을 순서대로 클릭하고 도곡삼성래미안을 누릅니다. 거래 현황과 체결가격 정보를 상세히 제공합니다. 매매가격은 파란색, 전세가격은 주황색으로 표시되어 있는데요. 그 격차와 추이를 분석해 가격이 오를지 내릴지 판단할 수 있는 근거로 삼을 수 있습니다.

참고로 아실에서 상단 '순위분석' 메뉴를 통해 원하는 지역과 조건을 설정하면 관심 지역의 아파트를 최고가 순위대로 확인할 수 있습니다. 최고가 아파트가 바로 대장 아파트이므로 이를 기준으로 지역의 시세를 가늠할 수 있습니다.

전세가가 오르면
매매가도 오른다

그럼 시세를 움직이는 요인, 즉 부동산 가격 등락의 요인은 무엇일까요? 부동산은 지역마다 가격이 어느 정도 비슷하게 움직이는 특성이 있습니다. 비슷한 효익을 가진 자산의 가격은 거의 동일하게 형성되는 것이 경제학의 원리인 것처럼, 다른 사람이 가격을 올리면 나도 올리고 반대로 가격을 내리면 나도 내리기 마련입니다. 그래서 주변 시세에 민감하게 반응하는 것이죠.

| 서울 아파트 3.3m²당 매매가, 전세가 추이 |

(단위: 만 원)

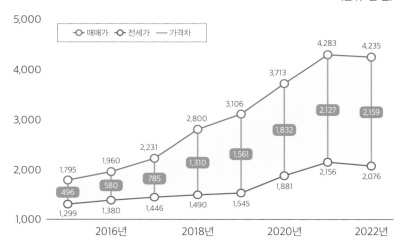

자료: 부동산R114

전세가격이 오르면 매매가격도 함께 오른다는 것은 정설입니다. 그 이유는 무엇일까요? 전세가 상승으로 전세 수요가 매매 수요로 전환되면서 매매가를 견인하기 때문입니다. 전세가는 실수요자가 만드는 가격입니다. 즉 사용 가치를 의미합니다. 매매가는 실수요자와 투자자가 함께 만드는 가격입니다. 즉 사용 가치와 투자 가치(미래 가치)가 결합된 결과죠. 매매가와 전세가의 차이는 투자 가치를 의미한다고 볼 수 있습니다. 매매가와 전세가의 차이가 크다면 그만큼 사람들이 투자를 많이 해서 차이가 벌어진 것입니다.

부동산R114에 따르면 2022년 서울 아파트의 3.3m^{2}당 매매가격은 4,235만 원, 전셋값은 2,076만 원이었습니다. 매매가와 전셋값의 격차는 2,159만 원으로 부동산R114가 조사를 시작한 2000년 이래 최대 수준입니다. 실제 사용 가치와 투자 가치의 차이가 크면 클수록 전세가율은 낮아질 수밖에 없습니다. 주택 가격은 실수요에 의해 크게 좌우되기 때문에 전세가가 오르면 매매가도 함께 오르는 것입니다. 전세가와 매매가의 차이가 적을수록 사람들은 전세로 들어가느니 차라리 대출을 끼고서라도 집을 사야겠다고 생각합니다. 그래서 전세가가 높아지면 높아질수록 주택 가격도 함께 올라가게 되죠.

물론 변수는 존재합니다. 예외의 경우도 있는데요. 전셋값이 오른다고 항상 공식처럼 매매가가 오르는 것은 아닙니다. 2023년 하반기 들어 서울 아파트 매매가는 주춤하는 모습을 보인 반면, 전셋값은 계속 상승 중인데요. 전세가가 오르면 매매가를 밀어올리기 마련인데 2023년 하반기 추세는 이 공식에서 벗어난 것입니다. 다음은 〈브릿지경제〉 2023년 11월 22일 기사입니다.

22일 한국부동산원 조사에 따르면 서울 아파트 값은 지난주(13일 기준) 0.05% 상승해 2주 연속 비슷한 수준을 유지하고 있다. 그러나 한 달 전인 10월 셋째 주 0.09% 상승에 비하면 상승폭이 크게 줄어 반토막 난 상태다. (…) 반면 전셋값은 여전히 고공행진 중이다. 서울 전세 시장을 보

| 서울 아파트 매매가, 전세가 상승률 |

일시(2023년)	매매	전세
10월 16일	0.09%	0.18%
10월 23일	0.07%	0.18%
10월 30일	0.07%	0.19%
11월 6일	0.05%	0.21%
11월 13일	0.05%	0.19%

자료: 한국부동산원

면 지난주 한국부동산원 통계로 13일 기준 전세가격은 0.11% 상승을 기록했다. 11월 첫째 주도 0.12% 상승, 10월 다섯째 주도 0.12% 상승으로 꾸준히 상승세를 이어오고 있다. 상승폭이 매매가의 두 배 수준이다. 보통 전셋값이 상승하면 매매가를 밀어올려 매매가도 동반 상승하는 경향이 있는데 최근의 추세는 이 공식에서 벗어난 것이다.

매매 시장의 불확실성이 확대되어 매매 대신 전세를 선택하는 경향이 커지면서 벌어진 현상으로 볼 수 있습니다. 아파트 값은 전셋값이 오르면 매매가도 상승 압력을 받는 것이 일반적이지만, 이처럼 단기적으로는 상황에 따라 반대로 움직이는 경우도 있으니 주의가 필요합니다.

04

정석은
아파트 투자다

초보자일수록
아파트부터

주택의 경우 규제가 상당히 많기 때문에 살 때 더욱 신중해야 합니다. 1세대 1주택의 경우 대출과 세금에 있어 비교적 자유롭지만 2주택부터는 대출 제한도 심해지고, 양도소득세 등 각종 세금 부담이 급격하게 늘어납니다. 그렇기에 부린이일수록 주택 투자는 매우 신중해야 합니다.

주택의 대명사는 아파트라 할 수 있는데요. 빌라, 오피스텔은 아파트만큼 가격 상승폭이 크지 않기 때문에, 부동산 투자를 하고 싶은데 뭘 사야 할지 모르겠다면 일단 아파트 투자부터 시작하는 것이 정석입니다. 빌라, 즉 다세대주택은 한 건물 안에 여러 세대가 거주할 수 있는 4층 이하의 주거용 건물을 일컫습니다. 신축이어도 저렴한 것은 장점이지만 아파트에 비해 가치 상승에 있어 여러모로 불리한 것이 사실입니다.

아파트는 일정한 지역에 많은 세대가 거주하기 때문에 계획 단계에서부터 교통에 신경을 씁니다. 그래서 대부분 역세권이나 대로변과 가깝습니다. 반면 빌라는 토지 가격이 저렴한 언덕이나 후면 입지에 들어서는 경우가 많고 도로 상황이 나쁜 경우도 많습니다. 무엇보다 아파트는 상가, 커뮤니티 시설, 학교 등이 밀집된 곳에 위치할 확률이 높고 주차시설이 빌라와는 비교가 어려울 정도로 우월합니다.

물론 아파트도 일조권에 따라 고층과 저층 간 가격 차이가 날 수 있고, 조망권과 역과의 거리에 따라 동별로 차이가 나기도 합니다. 요즘에는 이 부분을 신경 써서 신축 아파트의 경우 지상에 공원을 조성하고, 일조권을 확보하기 위해 이격거리를 준수하는 등 쾌적한 환경을 만들고자 다양한 노력을 기울입니다.

빌라의 가장 큰 단점은 제대로 된 시세를 알기 어렵단 점입니다. 빌라마다 그 상태가 다르기 때문에 가격도 부르기 나름이죠. 비싼 값에 잘못 사서 손해를 볼 수도 있습니다. 또 아파트는 부동산 시장이 어려운 시기에도 쉽게 매도할 수 있지만 빌라는 그렇지 않습니다. 빌라는 매도하기가 어려워서 상대적으로 환금성이 떨어지기 때문에 신중하게 접근해야 합니다.

아파트 투자 시
고려해야 할 것들

그럼 좋은 아파트와 나쁜 아파트는 어떻게 구별해야 할까요? 좋은 아파트는 그 지역의 대장 아파트이고, 학원가나 학군이 좋으며, 좋은 브랜드의 큰 세대를 자랑하는 역세권 아파트를 말합니다. 나쁜 아파트는 좋은 아파트와 반대로 생각하면 편합니다. 나쁜 아파트는 그 지역의 대장 아파트가 아닐 것이며, 학원가나 학군이 나쁠 것이고, 이름 없는 브랜드의 적은 세대이고, 역과도 거리가 있겠죠.

아파트 투자 시 신축 여부도 중요하지만 입지가 얼마나 좋은지가 더 중요합니다. 입지 가치에 영향을 미치는 첫 번째 요소로는 좋은 직장과 좋은 학군입니다. 직주근접성이 뛰어나고, 학군과 학원가가 잘 형성되어 있다면 실수요가 몰리며 가격을 견인할 것입니다. 그래서 주변에 양질의 일자리가 늘고 있는지, 학군과 학원가는 어떤지 반드시 확인해야 합니다.

| 좋은 아파트 vs. 나쁜 아파트 |

좋은 아파트	나쁜 아파트
·지역별 대장 아파트(평당가가 높은 아파트)	·지역 평당가 미만의 저가 아파트
·학군이 좋고, 학원가 주변 아파트	·학교와 학원가와 멀리 있는 아파트
·신축 아파트	·구축의 연식 20년 이상 아파트
·좋은 브랜드 건설사의 아파트	·세대수가 적은 아파트
·세대수 1천 세대 이상 아파트	·교통시설과 멀리 있는 아파트
·역세권 아파트	·중앙 난방형, 복도식 아파트
·세대당 주차대수가 넉넉한 아파트	·세대당 주차대수가 1대 이하인 아파트
·일자리와 가까운 아파트	·편의시설이 없는 아파트
·상권이 잘 형성된 아파트	·주변에 유흥시설이 있는 아파트
·자연환경이 잘 조성된 아파트	·자연환경이 나쁜 아파트

　　일자리와 학군을 함께 봐야 하는 이유는 소득이 높아지면 그만큼 학군에 대한 수요가 치솟기 때문입니다. 양질의 일자리가 많아 지역의 평균 소득이 높아지면 교육열도 높아집니다. 그러한 지역은 자연스레 학군이 형성되고 집값도 눈에 띄게 오릅니다. 여기에 자연환경까지 좋으면 금상첨화입니다.

　　사람이라면 누구나 쾌적한 환경에서 살고 싶어 하기 마련입니다. 아파트는 기본적으로 사람이 살기 위해서 존재합니다. 아파트 주변에 묘지, 유흥업소, 송전탑, 쓰레기 매립장 등이 있으면 주거의 질이 좋을 수가 없고 집값도 떨어집니다. 이러한 기피시설은 환경에 악영향

| 아파트 건설사 브랜드 순위(2023년 11월 기준) |

순위	브랜드	기업	브랜드평판지수
1	힐스테이트	현대건설	4,490,849
2	푸르지오	대우건설	3,342,451
3	아이파크	현대산업개발	2,747,972
4	롯데캐슬	롯데건설	2,714,934
5	더샵	포스코이앤씨	2,660,467
6	e편한세상	DL이앤씨	2,658,474
7	래미안	삼성물산	2,413,575
8	위브	두산건설	1,670,893
9	자이	GS건설	1,066,201
10	우미린	우미건설	951,163
11	서희스타힐스	서희건설	853,719
12	한화포레나	한화건설	718,138
13	더플래티넘	쌍용건설	716,775
14	하늘채	코오롱글로벌	692,282
15	SK뷰	SK건설	668,381

자료: 한국기업평판연구소

을 미칠 뿐만 아니라 장기적으로 수요에도 악영향을 미쳐 투자수익률을 훼손합니다. 반대로 선호시설은 아파트 가격에 플러스 요인이 됩니다. 보통 백화점, 할인마트, 공공시설, 금융기관 등을 꼽습니다.

이런 시설이 주변에 있으면 당연히 삶의 질이 좋아집니다.

또 한 가지 눈여겨봐야 할 부분은 건설사 브랜드입니다. 한국기업평판연구소는 주기적으로 브랜드평판지수를 산출해 아파트 건설사 브랜드 순위를 매깁니다. 브랜드평판지수는 소비자 활동에 따른 참여지수, 미디어지수, 소통지수, 커뮤니티지수를 바탕으로 산출됩니다. 지엽적인 변수와 개별 물건의 입지 가치 등을 고려하면 상위권이라고 반드시 좋다고 단정 지을 수는 없지만, 말 그대로 브랜드 가치를 나타내므로 무시할 수 없는 것은 분명합니다.

05

부동산 투자의
절차와 용어

　부동산은 아무리 인터넷이 발달했다 하더라도 직접 실물로 보고 매매해야 하는 특수성이 있습니다. 매수인과 매도인이 공인중개사무소에서 만나 계약서와 등기 등 서류를 살펴보고 직접 서명을 해야 거래가 이뤄집니다. 부동산은 모든 물건이 제각각 고유의 특성이 있기 때문에 직접 보고 거래를 하는 수밖에 없습니다. 방구석에 앉아서 할 수 없으니 어렵게 느껴지는 것이겠죠. 직접 현장에 찾아가서 이야기도 들어보고, 상태도 살피고, 권리관계도 꼼꼼히 따져야 합니다. 그럼 구체적으로 부동산 거래 절차에 대해 알아보겠습니다.

부동산의
거래 절차

부동산 거래 절차는 크게 매물 탐색, 매매 계약, 대금 정산 단계로 진행됩니다.

1. 매물 탐색

우선 부동산을 사려면 매물을 잘 찾아야 합니다. 그리고 대출도 알아봐야 합니다. 내 예산에 맞는 매물을 찾아야 하기 때문에 대출 여력까지 미리 계산할 필요가 있습니다. 신용대출은 어렵지만 주택담보대출의 경우 은행에서 상담을 해보면 생각보다 쉽게 받을 수 있습니다. 매물의 수가 많겠지만 임장도 게을리해선 안 됩니다. 좋은 물건은 직접 공인중개사를 통해 물어보는 것이 확실합니다.

2. 매매 계약

만약 관심 있는 매물이 있다면 공인중개사에게 연락해 미리 방문 일정을 잡아야 합니다. 한 공인중개사에 의존하기보다는 여러 공인중개사와 만나 매물 정보를 물어보고 탐문할 것을 권합니다. 유사한 물건들을 직접 비교하고 분석해야 손해를 보지 않을 수 있습니다. 심지어 같은 물건임에도 공인중개사마다 다른 가격을 제시하는 경우도

| 매매 거래 시 필요한 것들 |

매수자	매도자
·매매계약서 원본 및 사본	·부동산 매도용 인감증명서
·주민등록등본 및 초본	·주민등록등본
·가족관계증명서	·등기권리증 원본
·등기	·인감증명서
·부동산거래계약신고필증	·인감도장 및 신분증
·토지대장	
·건축물대장	
·매도자의 위임장	
·소유권이전등기신청서	
·취득세영수필확인서	
·국민주택채권매입영수증	
·취득세납부확인서	
·전자수입인지	
·소유권이전등기 신청수수료 납부영수증	
·인감도장 및 신분증	

있기 때문에 잘 확인해야 합니다.

공인중개사가 급매라고 추천하더라도 여유를 갖고 서류를 꼼꼼하게 검토해야 합니다. 마음에 드는 매물이라고 해서 가계약금부터 이체하면 나중에 해약할 때 계약금을 포기해야 하고 그만큼 손해를 보게 됩니다. 우선 등기부터 확인하고, 대출이 가능한지, 입주는 언제부터 가능한지, 잔금일은 언제이고 그때까지 내가 돈을 마련할 수 있는지 등을 면밀히 살펴봐야 합니다.

계약서에 도장을 찍고 금액을 입금하기 전에 반드시 다시 한번 확인해야 합니다. 만약에 계약서에서 이상한 조항이 있다면 공인중개사를 통해 물어봐야 하며, 수정해야 한다면 꼭 수정해야 나중에 후회가 없습니다.

3. 대금 정산

계약서를 받으면 바로 대출을 신청하는 것이 좋습니다. 대출심사 과정에서 생각보다 많은 시간이 소요되기 때문입니다. 최대한 빠르게 움직여 잔금 지급 시점까지 여유를 가지는 것이 필요합니다. 결심이 섰다면 중도금 입금일은 앞당겨 계약하는 것이 좋습니다. 민법상 중도금까지 입금한 후에는 계약 해제가 안 되기 때문이죠. 그렇기에 정말 좋은 물건이라는 판단이 서면 중도금 입금일은 계약금 입금일과 너무 멀리 잡지 않는 것이 좋습니다.

잔금까지 입금한 후에는 반드시 소유권이전등기를 해야 하는데요. 보통 법무사를 통해 하거나 인터넷을 통해 진행하곤 합니다 부동산 거래 이후에는 반드시 서류들을 잘 보관해야 합니다. PDF 스캔이라도 해서 잃어버리지 않도록 관리하기 바랍니다. 등기권리증뿐만 아니라 전세계약서와 부동산 수수료, 법무사 수수료 영수증도 보관해야 합니다. 이후 양도할 경우 양도소득세에서 필요경비로 공제받아 세금을 줄일 수 있기 때문입니다.

꼭 알아야 하는
용어와 개념

이번에는 부동산 투자 시 꼭 알아야 하는 용어와 개념을 알아보겠습니다.

1. 분양권과 입주권

청약에 당첨되면 분양권을 받게 됩니다. 분양권이 좋은 이유는 신축 아파트를 저렴하게 취득할 수 있기 때문입니다. 아파트가 지어지기까지는 약 3년 정도가 걸리고, 완공되기 전까지 분양가의 10% 정도 소액만 갖고 있어도 분양권을 가질 수 있습니다. 분양권은 청약에 당첨되는 방법 외에도 분양권 매수를 통해 획득할 수 있습니다. 분양권은 인터넷을 통해 거래하기는 어렵고 직접 발품을 팔아서 매수하는 것이 효과적입니다. 원하는 매물을 찾았다면 매도인으로부터 프리미엄이 붙은 가격에 사면 됩니다.

분양권을 매수할 때 중도금 대출을 승계하는 경우가 많은데요. 분양권 매수 시점이 중도금 대출 이후라면, 매도자가 기존에 받은 대출을 매수자가 승계하게 됩니다. 잔금을 치르는 날 매도인과 은행에 가서 중도금 대출을 승계받으면 됩니다. 중도금 대출이 실행되지 않은 매물의 경우 새롭게 대출을 알아봐야 하기 때문에 대출이 가능한지 잘 따져보고 매수해야 합니다. 분양권은 주택이 아니라 권리만 있는 상태이므로 따로 등기를 이전하진 않습니다. 그래서 취득세나 거래 비용이 크지 않습니다. 분양사무소에서 명의 변경과 서류 처리만 하면 되므로 절차는 비교적 간단합니다.

한편 입주권은 분양권보다 거래 절차가 복잡하고 규제도 까다로운 편입니다. 그래서 지켜야 할 절차가 많습니다. 입주권이라는 것 자체가 조합원에게 인정되는 권리이다 보니 전매가 제한되고 있습니다. 정비사업의 가장 큰 리스크는 사업 지연과 실패입니다. 정비사업의 경우 조합원 간 갈등, 이해관계자 간 다툼으로 사업이 연기되기도 하므로 주의해야 합니다.

2. 용도지역

건물을 짓기 위해선 '땅'이 필요합니다. 정부에서는 국토를 토지의 이용 실태 및 특성, 장래의 토지 이용 방향 등 다방면으로 검토해 도시지역, 관리지역, 농림지역, 자연환경보전지역 4가지로 구분하고 있습니다. 여기서 도시지역은 주거지역, 상업지역, 공업지역, 녹지지

| 용도지역별 구분 |

도시지역	주거지역	제1종 전용주거지역
		제2종 전용주거지역
		제1종 일반주거지역
		제2종 일반주거지역
		제3종 일반주거지역
		준주거지역
	상업지역	중심상업지역
		일반상업지역
		근린상업지역
		유통상업지역
	공업지역	전용공업지역
		일반공업지역
		준공업지역
	녹지지역	보전녹지지역
		생산녹지지역
		자연녹지지역
관리지역	보전관리지역	건폐율 20% 이하, 용적률 50% 이상~80% 이하
	생산관리지역	건폐율 20% 이하, 용적률 50% 이상~80% 이하
	계획관리지역	건폐율 40% 이하, 용적률 50% 이상~100% 이하

역으로 나뉘며, 관리지역은 보전관리지역, 생산관리지역, 계획관리지역으로 구분됩니다. 우리는 이 2가지(도시지역, 관리지역)에 대해 알아보겠습니다.

도시지역이란 인구와 산업이 밀집되어 있거나 밀집이 예상되어 그 지역에 대한 체계적인 개발, 정비, 관리 등이 필요한 지역을 일컫습니다. 주거지역은 거주의 안녕과 건전한 생활환경 보호를 위해 지정한 지역이고, 상업지역은 상업이나 기타 업무의 편익 증진을 목적으로 지정한 지역입니다. 공업지역은 공업 편익 증진을 목적으로 지정한 지역이고, 녹지지역은 자연환경과 농지와 산림의 보호, 보건위생, 도시의 무질서한 확산 방지를 위해 지정된 지역입니다.

관리지역은 농림업의 진흥, 자연환경 또는 산림의 보전을 위해 농림지역 또는 자연환경보전지역에 준해 관리가 필요한 지역을 의미합니다. 보전관리지역은 자연환경보전지역으로 지정해 관리하기 위한 지역이고, 생산관리지역은 농·임·어업 생산 등을 위해 관리가 필요하나 주변 용도지역과의 관계 등을 고려해 농림지역으로 지정하기 곤란한 지역이고, 계획관리지역은 도시지역으로 편입이 예상되는 지역이나 자연환경을 고려해 이용과 개발이 제한적인 지역입니다. 관리지역의 경우 분류별로 건폐율과 용적률이 다르기 때문에 관리지역 중 어디에 해당하는지 확인할 필요가 있습니다.

3. 용적률과 건폐율

용적률이란 무엇일까요? 용적률이란 대지면적에 대한 건물 연면적의 비율을 말합니다. 대지 안에 있는 건축물의 바닥면적을 모두 합친 면적, 즉 연면적의 대지면적에 대한 백분율을 말합니다. 대지에 건축물이 2개 이상 있다면 이들의 연면적 합계로 계산됩니다. 지하층 면적, 해당 건축물의 부속용도에 한하는 지상 주차용으로 사용되는 면적, 주민공동시설 면적, 초고층 건축물의 피난안전구역의 면적은 용적률 산출에서 제외됩니다. 용적률은 대지 내 건축 밀도를 나타내

| 용적률과 건폐율 예시 |

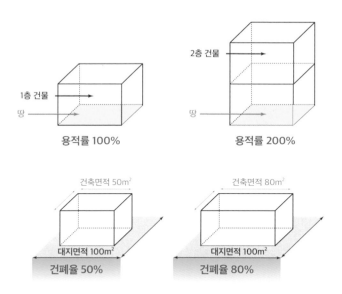

2층 건물

1층 건물

땅

용적률 100%

땅

용적률 200%

건축면적 50m²

건축면적 80m²

대지면적 100m²

건폐율 50%

대지면적 100m²

건폐율 80%

는 지표로 다른 건물보다 용적률이 크다는 것은 건물을 상대적으로 높이 지었다는 것을 의미합니다. 일반적으로 용적률이 높은 토지가 낮은 토지에 비해 가격이 높습니다.

그럼 건폐율이란 무엇일까요? 건폐율이란 대지면적에 대한 바닥면적의 비율을 뜻합니다. 건폐율을 지정하는 이유는 대지에서 건축물이 차지하는 면적을 일정 비율 이하로 제한함으로써 여유 공지를 확보하고, 도시의 평면적인 과밀화를 억제하기 위함입니다. 건폐율을 통해 최소한의 일조, 채광, 통풍 등을 보장하는 것입니다.

4. 공시지가와 기준시가

공시지가란 국토교통부 장관이 매년 발표하는 땅값을 말합니다. 공시지가는 건물이 아닌 토지만 해당하며, 과세 기준이자 각종 보상 기준이기도 합니다. 기준시가는 국세청에서 산정하는 금액으로 증여세, 양도세, 상속세 등 각종 과세액을 부과하는 표준이 되는 가격을 의미합니다. 일반적으로 실거래가를 인정할 수 없는 경우 주로 적용됩니다. 통상 실거래가의 50~80% 정도라고 생각하면 됩니다.

5. 다가구·다세대주택

다가구주택은 각각 독립된 공간에 여러 가구가 거주하지만 소유주는 1명인 3층 이하(1층이 필로티라면 4층 이하)의 주택을 의미합니다.

| 다가구주택 vs. 다세대주택 |

구분	다가구주택	다세대주택
법에 따른 용도	단독주택	공동주택
주택	건물 전체가 하나의 주택	각 호마다 독립적인 주택
등기 및 매매	건물 전체로 단독 등기, 매매	개별 등기와 분리 매매 가능
주택 층수	3개층 이하	4개층 이하
면적	바닥면적 합계 660m² 이하	

다세대주택은 독립된 공간에 호수별로 소유권이 다른 주택을 의미합니다. 4층 이하의 구분등기가 가능한 주택이란 부분은 연립주택과 같지만, 연면적 660m² 이하일 경우 다세대주택이고 660m² 초과일 경우 연립주택으로 구분합니다.

부록 | 부동산 조각 투자 플랫폼 카사

소액으로 주식처럼 부동산에 투자할 수 있는 방법이 있습니다. 바로 부동산 '조각 투자' 플랫폼 카사(www.kasa.co.kr)를 이용하는 것인데요. 카사는 부동산을 기초자산으로 부동산디지털수익증권, 즉 댑스(DABS; Digital Asset Backed Securities)를 발행하고 투자자는 댑스로 임대수익, 매매차익을 얻을 수 있습니다. 건물 지분을 주식처럼 구성해 판매하기 때문에 소액으로 투자할 수 있다는 장점이 있죠.

알다시피 부동산 거래는 절차가 복잡하고 취득세, 양도세 등 각종 세금과 거래비용이 소요됩니다. 카사는 세금 걱정 없이 소액으로 상급지 부동산에 투자할 수 있다는 장점이 있는데요. 댑스는 5천 원 단위로 호가가 구성되어 있고, 가격 변동에 따라 차익도 생길 수 있으며, 임대료 수익을 배당금처럼 분배받을 수도 있습니다.

카사는 2023년 12월 기준 오피스, 숙박시설, 물류센터 등 7개

카사 사이트 '빌딩 정보' 화면

건물을 상장했으며 이 중 역삼 한국기술센터와 역삼 런던빌 2곳을 10% 넘는 수익률로 지난해 매각했습니다. 2023년 8월 카사가 진행한 약 167억 원 규모의 압구정 공모 건물 역시 완판된 바 있습니다. 앱을 통해서만 거래가 가능하고, 아직 투자 가능한 건물이 많지 않다는 것은 단점입니다. 하지만 최소 비용으로 건물 투자가 가능하다는 점, 그리고 포트폴리오를 다변화한다는 측면에서 보면 여러모로 장점이 많아 보입니다.

2장

그래서 지금
사도 되나요?

01

소액 부동산
투자가 답이다

　1장에서 우리는 부린이가 알아야 하는 기초적인 정보에 대해 살펴봤습니다. 이번 장에서는 가성비 좋은 소액 부동산을 찾는 실질적인 방법을 알아보겠습니다.

소액 부동산 투자를
권하는 이유

　부린이에게 소액 부동산 투자를 권하는 이유는 '레버리지'를 활용하기 용이하기 때문입니다. 레버리지를 활용하는 가장 보편적인 방법은 부동산을 담보로 금융기관으로부터 대출을 일으키는 것, 그리고 매매가와 전세가의 차이를 이용한 갭투자입니다.

담보로 잡은 집에 월세입자를 받으면 월세에서 대출 이자를 제외하고는 모두 수익이 되기 때문에 현금흐름을 만들기 용이합니다. 무엇보다 월세 받는 부동산은 매매가 하락이 상대적으로 크지 않다는 장점도 있습니다. 월세를 받는 만큼 매매가가 어느 정도 방어되기 때문입니다. 또 매매가와 전세가의 차이를 활용한 갭투자는 금융기관에서 대출을 받지 않고도 투자가 가능하다는 장점이 있습니다.

소액 부동산 투자를 권하는 이유는 목돈이 드는 여타 부동산 투자와 달리 말 그대로 '소액'으로도 충분히 가능하기 때문입니다. 저 역시 천안에 있는 소액 부동산에 투자해 600% 수익을 낸 경험이 있습니다. 당시 지방 부동산 시장은 분위기가 전체적으로 가라앉은 상황이었습니다. 그러한 분위기를 반영하듯 해당 물건은 2년을 갓 넘은 신축이었음에도 매매가가 많이 떨어진 상태였습니다. 그런데 떨어진 매매가에 비해 전세가가 높아 소액으로도 충분히 투자가 가능해 보였습니다.

매매가와 전세가의 차이가 적어 갭투자를 하기에 적기라고 판단했고, 임장을 통해 구체적으로 물건을 탐색했습니다. 그 과정에서 매매가 1억 9,500만 원짜리 25평 매물을 찾게 됩니다. 아직 새 아파트라 따로 수리할 필요도 없었고 충과 향도 괜찮았습니다. 매매 수요는 적었지만 전세 수요는 높아 전세금만 1억 8천만 원에 달했죠. 전세입자를 받으니 필요한 투자금은 1,500만 원에 불과했습니다.

2년 후 시황이 개선되자 매매가는 1억 9,500만 원에서 2억 9천만 원까지 치솟았고, 그 결과 투자금 대비 무려 600%의 수익률을 달성합니다. 물론 부동산 가격이 급등한 특수한 시기였기에 가능한 일이었습니다. 하지만 그렇지 않다고 해도 최소 200% 이상은 충분히 가능하다고 판단했기에 투자를 감행한 것이죠.

이렇듯 조금만 찾아보면 소액으로 투자할 수 있는 곳은 얼마든지 있습니다. 심지어 500만 원만 넣고 투자한 곳도 있으니까요. 그러니 목돈이 든다는 선입견 때문에 지레 겁먹을 필요는 없습니다. 목돈이 없다고, 시장이 안 좋다고 주저하지 말고 오히려 목돈이 없을 때, 시장이 흔들릴 때 용기를 내야 합니다.

이제부터 어떤 마인드로, 어떤 방식으로 투자해야 하는지 하나씩 살펴보겠습니다.

02
심리는 정말 집값에
영향을 미칠까?

　부동산 투자가 어려운 이유는 지역마다, 세세히는 물건마다 사도 되는 '타이밍'이 다르기 때문입니다. 아무리 물건이 좋아도 잘못된 타이밍에 진입하면 손해를 볼 수 있습니다. 우리가 부동산 투자를 공부하는 목적은 결국 매매차익이 발생할 수 있는 기회를 찾아 수익을 추구하는 데 있습니다. 투자자 입장에서 부동산 투자에 신경을 쏟는 일은 '돈'을 벌지 못하면 쓸모없는 시간 낭비가 됩니다. 따라서 부동산 투자로 수익을 내기 위해 지금이 좋은 타이밍인 아닌지부터 살펴봐야 합니다.

심리를 알면
시장이 보인다

집값은 언제 오를까요? 지금이 바닥인지 아닌지 알기 위해선 사람들의 심리를 꼭 알아야 합니다. '심리'의 사전적인 의미는 '마음의 작용과 의식의 상태'입니다. 일반적으로 심리가 가격 상승이나 하락에 많은 부분 영향을 준다는 것은 누구나 인정하는 사실입니다. 그렇지만 심리가 실제 시장에서 어떻게 작동되고, 어떤 식으로 변화해 영향을 미치는지 파악하기란 매우 어렵습니다.

나 한 사람의 심리라면 그냥 내 마음에 귀를 기울이면 답이 나올 것입니다. 만일 집을 사야겠다는 강력한 생각에 사로잡혔다면 상승장일 확률이 높을 것이고, 반대로 집값 상승에 대해 회의적인 마음이 든다면 하락장일 확률이 높겠죠. 이처럼 우리의 심리는 시장에 후행하는 경우가 많습니다. 상승장이 오면 뒤늦게 사고자 하는 마음이 일고, 하락장이 오면 다시 뒤늦게 회의적인 마음이 드는 것이죠.

그런데 우리는 시장의 향방을, 상승할지 하락할지 여부를 미리 알고 싶은 거잖아요? 시장의 흐름을 미리 알기 위해선 나 한 사람만이 아닌, 시장참여자 전체의 마음을 예측할 필요가 있습니다. 심리는 마음과 의식의 영역이기에 손으로 잡을 수도 눈으로 볼 수도 없지만 다행히 어느 정도 가늠할 방법은 있습니다. 바로 심리지수를 확인하는 것입니다.

요즘은 정보가 넘쳐나는 시대입니다. SNS, 유튜브, 여러 방송 매체를 통해 대량의 데이터가 전달되고 있습니다. 이렇게 많은 정보가 빠르게 전달되다 보니 시장의 반응 속도도 엄청나게 빨라지고 있습니다. 그만큼 시장참여자의 생각도 시시각각 바뀔 수 있는 것이죠. 특히 정부 정책이 발표될 때마다 시장참여자는 수시로 선택에 혼란을 겪거나, 매수와 매도를 결정함에 있어 갈등합니다. 이러한 여러 심리가 시장에 고스란히 반영됩니다. 고로 심리가 어떻게 영향을 미치고 시장의 가격에 반영되는지, 이에 따른 심리지수를 어떻게 활용해야 하는지 고민이 깊어질 수밖에 없습니다.

부동산은 기본적으로 주거와 자산이라는 특성을 동시에 가지고 있고 심리와 아주 밀접한 연관이 있습니다. 어떤 때는 사는 곳이라고 하는 '주거'의 개념으로 봤다가, 어떤 때는 나에게 돈을 벌어다 주는 '자산'의 개념으로 보는 등 개념과 가치가 수시로 변합니다. 주택에 대해 사람들이 기본적으로 바라는 것은 쾌적한 주거환경입니다. 여기에 가격 상승으로 자산까지 증식되면 더할 나위 없겠죠. 경우에 따라 자산 증식에 좀 더 비중을 두는 경우도 있고요. 이러한 사람들의 심리를 알면 하락기에 매수세가 상대적으로 약한 것은 당연한 일입니다. 자산으로 바라보는 마음과 자산을 지켜야 한다는 생각이 반영된 결과죠. 좋은 주거환경만 생각한다면 하락기에도 가격이 싸니 사야겠다

마음먹어야 하는데, 그렇지 못한 이유는 집을 자산으로 보기 때문에 그렇습니다. 그래서 하락장에서는 집을 선뜻 매수하기가 쉽지 않습니다.

그럼 하락장에서 상승장으로의 전환은 어떻게 일어날까요? 언제나 집을 사야 하는 일정한 수요는 있습니다. 그 니즈가 강력하면 강력할수록 시장과 상관없이 매수를 결정하게 되죠. 집을 자산이 아닌 주거로 볼 수밖에 없는 강력한 니즈가 투영될 때, 그리고 그 힘과 양이 늘어났을 때 상승으로의 전환이 일어납니다. 이유는 다양합니다. 신혼부부가 새로 들어가야 할 집을 보는데 미분양이 늘어나 할인 분양이 점점 쌓여갑니다. 전세 계약이 끝나서 이사를 해야 하는데 매매가와 전세가가 거의 비슷합니다. 하락장이 장기화되면 이런 현상이 나타나면서 사람들은 등 떠밀리듯 집을 사게 됩니다. 당장 살 집이 필요한데 할인 분양을 하는 집이 늘고, 전세가가 생각보다 높게 느껴지면 집을 매수할 요인과 확률은 커집니다. 이것이 상승의 트리거입니다. 이런 사례가 많아지면 많아질수록, 이런 움직임이 커지면 커질수록 상승폭도 높아집니다.

자산이 아닌 주거 측면에서 집이 필요해 어쩔 수 없이 매수하는 실수요자가 늘어날 때, 정부가 부동산 완화 정책으로 수요 촉진을 노릴 때, 매매가와 전세가가 거의 비슷해져 투자 수요가 늘어날 때 가격 상승의 불씨는 타오릅니다. 여러 요인이 시장참여자의 심리 변화에 영향을 미치면서 본격적인 상승장이 시작됩니다. 가격이 상승하면 불씨는 산불처럼 번집니다. 자산으로 집을 보고 있는 사람들의 생각과 마음도 바뀌기 때문이죠. 잘 생각해보면 등 떠밀려서 어쩔 수 없이 집을 사는 것보다는 집값이 오르는 걸 보고 난 다음 사는 경우가 더 많습니다. 이렇게 가격 상승은 심리에 변화를 일으키고, 심리 변화는 다시 가격을 상승시킵니다. 상승세가 꺾이지 않으면 심리적으로 단기적인 출렁임은 있을 수 있어도, 장기적으로는 꾸준한 매수세가 유지될 것입니다.

따라서 심리지수를 본다는 것은 전체적인 시장의 흐름을 보는 것과 같고, 이는 가격지수와 동행하는 경향이 강합니다. 심리지수는 시장참여자인 일반 가구와 부동산 시황을 피부로 느끼는 공인중개사들의 설문을 바탕으로 정리됩니다. 통계에는 오차가 있기 마련이지만 다년간 지켜본 결과 비교적 잘 맞았습니다. 특히 눈으로 보기 힘든 심리라는 요소를 잘 표현한 지표이다 보니 투자를 할 때 반드시 참고해야 합니다.

대표적인 부동산 심리지수로는 국토연구원의 '부동산시장 소비심리지수'와 KB부동산의 '매수우위지수'가 있습니다.

먼저 부동산시장 소비심리지수는 전국의 7천여 일반 가구와 2,300여 곳의 공인중개사무소를 대상으로 국토연구원에서 실시하는 조사입니다. 0~200p의 값으로 표현되며 일반적으로 100p를 넘으면 상승 국면, 100p 이하면 하강 국면이라 해석합니다.

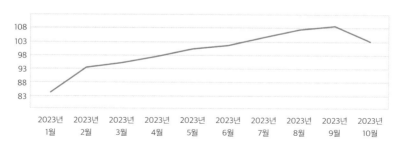

| 부동산시장 소비심리지수 |

자료: 국토연구원

반면에 KB부동산에서 집계하는 매수우위지수는 4천여 곳의 공인중개사무소만을 대상으로 합니다. 하락장일 때, 그것도 긴 하락장을 경험하고 있을 때 개인에게 집값에 대해 물어보면 어떻게 대답할까요? 대부분 부정적으로 말할 것입니다. 제3자의 입장에서 말할 수 없고 개인이 느끼는 실제 감정을 말할 확률이 높으니까요. KB부동산의 매수우위지수는 매수자와 매도자가 아닌 제3자에 해당하는 공인중개사에게 묻는 설문입니다. 그래서 좀 더 객관적으로 대답할 확률이 높습니다. 더 떨어질 것 같다는 생각이 드는데 갑자기 공인중개사무소를 찾는 사람이 늘어난다면, 아니면 갑자기 매매 거래가 활발해진다면 공인중개사 입장에서는 '어, 올라가려나?' 하는 생각이 들 것입니다. 그래서 대체적으로 KB부동산의 매수우위지수는 시장보다 조금 선행하고, 국토연구원의 부동산시장 소비심리지수는 시장과 동

| 매수우위지수 |

조사 항목	2023년 5월	2023년 6월	2023년 7월	2023년 8월	2023년 9월	2023년 10월	2023년 11월
매수자 많음 (%)	2.7	3.4	2.7	3.4	3.5	2.1	1.7
비슷함 (%)	19.4	21.7	24.4	25.8	25.9	23.9	19.7
매도자 많음 (%)	77.9	75	72.9	70.8	70.6	73.9	78.6
매수 우위 지수	24.8	28.4	29.8	32.6	32.9	28.2	23.1

*매수우위지수=100+'매수자 많음' 비중-'매도자 많음' 비중

자료: KB부동산

행하는 모습을 보입니다.

매수우위지수는 100p를 기준으로 100p 이상이면 매수자가 많음을, 100p 미만이면 매도자가 많음을 의미합니다. 다음은 〈서울파이낸스〉 2023년 10월 26일 기사입니다.

고금리 기조로 부동산 시장에 관망세가 짙어지고 있다. 특히 가격이 상승한 매물은 계속 나오고 있지만, 매수자들은 신중하게 매매 시장에 진입하는 모습이다. 26일 KB부동산이 발표한 주간KB주택시장동향 자료

에 따르면 10월 넷째 주 서울 아파트 매수우위지수는 지난주 36.9p보다 크게 하락한 31.7p로 매도자가 많은 상태를 유지하고 있다. 인천(29.2p)을 제외한 5개 광역시에서는 대전(34.7p)이 가장 높다. 울산 31.5p, 광주 15.6p, 대구 14p, 부산 10.2p 등 100p 미만의 '매도자 많음' 상황이다.

이처럼 매수우위지수는 시황을 분석하고 흐름을 읽는 데 활용됩니다.

집을 매수하고 싶다면 심리가 바닥을 치다가 올라가는 경향이 나타날 때 매수하는 것이 좋습니다. 이때는 대부분의 사람이 집을 사지 말라고 할 때일 것입니다. 반대로 집값이 고점인지 확인하고 싶다면 관련 심리지수가 최고치에 가까운지 확인해보길 바랍니다.

부동산 심리가
복잡한 이유

주식은 떨어지면 욕하고 오르면 좋아합니다. 이게 다입니다. 그런데 부동산은 복잡합니다. 떨어지면 한쪽에서는 자산 가치가 떨어졌다고 화를 내고, 올라가면 살 곳이 없다고 화를 냅니다. 집값이 너무 비싸서 생존권이 위협을 받는다고 합니다. 금리가 올라도 그게 주택담보대출 금리로 연결되니 살기 어렵다고 합니다. 그렇게 정부를 욕하고 대통령을 욕합니다. 이전 정부에서 주식이 호황이었음에도 아무도 그것을 가지고 대통령을 칭찬하지 않았습니다. 오히려 부동산 정책이 잘못되었다고 욕을 했죠. 전세가 오르면 나라에서 대출 대책을 만들어줘야 한다고 요구합니다. 정부도 유권자의 요구를 무시할 수는 없습니다. 그러다 보니 관련 정책이 끊임없이 나왔다 사라졌다를 반복합니다. 부동산은 우리의 경제적인 문제와 직결되어 있습니다. 그래서 정치인이 움직이고 온 나라가 움직입니다.

부동산을 향한 사람들의 심리는 정말 복잡합니다. 왜 이렇게 복잡할까요? 간단하게 이야기하면 부동산을 주거로도 보지만 자산으로도 보는 이중적인 시선 때문입니다. 주식이 자산의 성격만 가지고 있어 비교적 심플한 것에 비해 부동산은 그 저변에 깔려 있는 심리가 매우 복잡합니다.

우리는 보다 나은 삶을 살기 위해 노력하고, 더 좋은 주거환경을 원합니다. 어떤 사람이든 더 좋은 곳에서 살고 싶어 합니다. 동시에 부동산은 규모가 큰 자산이기에 가격에 움직임이 생길 때마다 우리의 선택도 달라집니다. 자산을 지키고 늘리기도 하는 한편, 거주 만족도까지 충족해야 하므로 늘 선택의 어려움을 겪습니다. 거주환경이 나빠도 실거주 2년 조건을 맞추기 위해 임시로 2년간 재개발 예정 주택에 들어가 살거나, 자녀 교육을 위해 비싼 지역의 좁은 아파트로 이사를 갑니다. 새 아파트를 찾아서 수도권 외곽으로 이사 가기도 하고요. 대출을 크게 끼고 중심 지역에 전세로 들어가기도 하고, 월세로도 들어갑니다. 이 모든 선택은 주거에 대한 생각과 자산에 대한 관점이 혼재해 나타난 결과입니다.

고로 부동산 그리고 부동산 투자에 대해서 이해할 때는 이러한 부동산의 특성을 직시해야 합니다. 너무 원론적인 이야기를 한 것 같은데요. 앞으로 부동산을 볼 때 이런 관점을 견지한다면 많은 부분이 이해될 것입니다. 왜들 그렇게 강남을 좋아하는지, 최근에 잠실이 왜 그렇게 뜬 것인지, 과천은 왜 강남 다음의 지역이 되었는지, 용산은 이런 하락기에도 하락하지 않고 견디는지, 천정부지 치솟던 강북은 왜 이렇게 크게 조정을 받고 있는지, 대구 부동산은 또 왜 이렇게 바닥을 치고 있는지, 세종은 왜 다시 떠오르고 있는지 어렴풋이라도 보일 것입니다.

03
매수 타이밍의
5가지 기준 ①

　원래는 매수 타이밍을 찾을 때 5가지 이상의 지표를 확인하지만 최대한 직관적으로 도움을 드리고자 5가지 핵심만 소개하겠습니다. 지금 소개하는 5가지 지표만 참고해도 매수 타이밍을 충분히 가늠할 수 있습니다. 앞서 이야기한 것처럼 집을 살 타이밍인지 아닌지 확인하는 가장 좋은 방법은 관련 심리지수를 읽는 것입니다. 그런데 시장 참여자의 심리만으로는 부족합니다. 심리지수로 시황의 방향을 읽었다면 이제부터 소개하는 5가지 지표로 최종 투자 판단을 내려야 합니다. 이 기준만 알면 언제 사야 할지 바로 알 수 있습니다. 5가지 기준은 다음과 같습니다.

1. 공급

2. 가격

3. 미분양

4. 전세가율

5. 거래량

1. 공급

자본주의의 기본 중의 기본은 '수요와 공급'에 있습니다. 수요가 공급보다 많으면 가격이 올라가고, 공급이 수요보다 많으면 가격은 떨어집니다. 부동산에도 이 법칙은 아주 강력하게 작용합니다. 아파트 신규 공급이 많았던 지역은 기본적으로 가격이 하락할 확률이 높습니다. 아무리 심리가 강하고, 금리가 낮고, 시장이 활황이어도 공급 앞에는 장사가 없습니다. 그래서 아파트 신규 공급이 많은 곳은 조심해야 합니다. 반대로 공급이 적다면 가격이 올라갈 여지가 많습니다. 이미 가격이 올라갔을 확률도 높고요. 매수를 고려한다면 공급이 많았던 지역을 보면 되고, 매도를 생각한다면 최근 공급이 많이 줄었는지 보면 됩니다.

앞으로 공급이 많아진다면 가격이 떨어질 확률이 높고, 앞으로 공급이 적어진다면 가격이 올라갈 확률이 높습니다. 이렇게 수요와 공급의 법칙을 대입해서 매매가의 흐름을 예측할 필요가 있습니다. 공

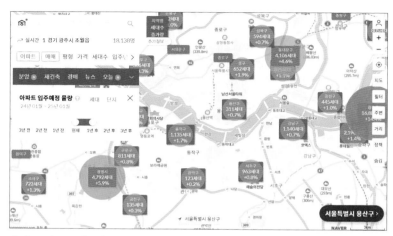

호갱노노 '공급' 메뉴에서 살펴본 수도권 공급량(2024년 1월 기준)

급은 여러 사이트에서 확인할 수 있는데요. '호갱노노'의 '공급' 메뉴
에서 확인 가능합니다.

　단순히 공급이 많다 적다도 아주 중요한 지표지만 그 안의 세부적
인 데이터를 면밀히 확인할 필요가 있습니다. 우선 해당 지역에서 공
급이 얼마나 되고 있는지 봐야 합니다. 많다면 위험하겠죠? 그다음으
로 연관 지역을 봐야 합니다. 서울을 볼 때 당연히 경기도를 함께 봐
야 하듯이 연관 지역의 동태도 반드시 살펴야 합니다. 서울도 구마다
다르고, 경기도도 시군구마다 다르기 때문에 되도록 쪼개서 구 단위
로 살펴볼 것을 권합니다.

　구 단위로 공급을 볼 때 연관 지역을 유심히 봐야 합니다. 사람은

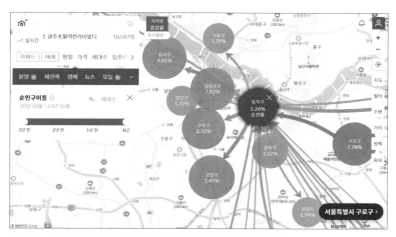

호갱노노 '인구' 메뉴에서 살펴본 동작구 최근 3년 인구 이동 현황

기본적으로 살고 있던 터전을 쉽게 옮기지 못합니다. 특히 자녀가 학교에 가기 시작하면 더더욱 이사를 하기가 어렵습니다. 그래서 아무리 새 아파트가 좋다고 해도 그 지역 또는 그 지역의 연관 지역 내에서만 이동할 확률이 높습니다. 그럼 연관 지역은 어떻게 확인할까요?

인구 이동이 많은 지역이 바로 연관 지역입니다. 인구 이동 현황은 '호갱노노'의 '인구' 메뉴에서 쉽게 확인 가능합니다. 가령 동작구의 최근 3년의 인구 이동을 보면 서초구에서 많이 유입되어 들어오고 영등포구, 강서구, 구로구, 금천구로의 유출이 많은 것을 알 수 있습니다. 동작구는 흑석뉴타운 개발로 새 아파트 공급이 늘어 유입이 많았는데요. 그만큼 유출도 많았네요. 만일 동작구에 집을 살 계획이라면 연관 지역인 서초구, 영등포구, 강서구, 구로구, 금천구의 공급도 확인해야 합니다.

참고로 주로 공급되는 평형도 파악해야 합니다. 내가 매수할 아파트가 30평형인데 20평형의 공급이 많다면 어떨까요? 실제로 영향이 거의 없을 확률이 높습니다. 타 평형으로의 이동보다는 같은 평형 간의 이동이 더 많거든요.

이처럼 집을 마련할 때는 공급을 꼭 보고 매수를 결정해야 합니다. 동일 지역은 기본이고 연관 지역의 공급까지 꼭 챙겨봐야 합니다. 주요 공급 평형에 대한 부분까지 세심하게 검토한다면 공급량을 놓쳐 낭패를 보는 일은 없을 것입니다.

2. 가격

모든 자산에 있어 가격은 많은 의미를 내포하고 있습니다. 가격이 오르면 나름의 이유와 원인이 있고, 가격이 떨어지면 그 역시 나름의 이유와 원인이 있습니다. 만일 어떤 자산이 어떤 가격을 형성하고 있다면 그 나름의 이유가 있다고 생각하고 받아들여야 합니다. 정부 정책에 의해, 혹은 금리나 유동성에 의해, 아니면 단순히 시장이 활황이거나 일시적인 유행이어서 그럴 수도 있겠죠. 그런데 개인이 특정 자산이 왜 그런 가격을 형성하고 있는지 모든 이유를 알기는 어렵습니다. 어떤 자산이 어떤 가격을 형성하고 있다면 그냥 그 자체로 바라볼 필요가 있습니다. 형성한 가격을 기준으로 앞으로 어떻게 대응해나갈지 결정해야 합니다.

물론 가격과 가치가 언제나 같이 가는 것은 아닙니다. 본연의 가치는 전혀 변하지 않았음에도 그 자산에 대한 사람들의 생각이 바뀌면 가격은 변화합니다. 가격이라는 지표는 시대 상황, 시황, 정부 정책, 국제 경기, 시장참여자의 심리 등 여러 가지 요소가 복합적으로 작용합니다. 여기서 가장 중요한 포인트는 단기적으로는 여러 가지 원인으로 가격이 끊임없이 변하더라도, 장기적으로는 자산 본연의 가치에 맞게 가격이 형성된다는 것입니다. 그래서 가치를 알아가는 과정이 아주 중요합니다.

그럼 가격의 흐름을 파악하는 가장 좋은 방법은 무엇일까요? 여러 가지 방법이 있겠지만 개별 부동산의 가격을 확인하기에 가장 좋은 사이트는 네이버페이 부동산입니다. 이 밖에 직방, 호갱노노 등도 추천합니다. 개별 가격뿐만 아니라 전체적인 흐름이 궁금하다면 투자자들이 많이 보는 KB부동산과 부동산지인도 괜찮습니다. 특히 전국 단위 혹은 시군구별로 가격이 어떻게 흘러가는지 보고 싶다면 KB부동산과 한국부동산원 자료를 추천합니다.

04
매수 타이밍의
5가지 기준 ②

3. 미분양

세 번째 지표는 미분양입니다. 미분양에 대해 설명하기 전에 수요와 공급 법칙에 대해 알아보겠습니다. 수요, 공급과 균형점 그래프에서 알 수 있듯이 수요와 공급이 교차하는 지점에서 가격이 형성됩니다. 공급에 비해서 수요가 많아지면 가격은 올라가고, 수요에 비해서 공급이 많아지면 가격은 떨어지게 되어 있습니다. 희귀해지면 가격은 비싸지고, 흔해지면 가격은 내려가기 마련입니다. 자산 시장에는 이러한 현상이 더욱 명확하게 나타납니다. 집을 사려는 사람이 많아지면 가격은 높아집니다. 사려는 사람이 많으니 가격이 올라가는 게 당

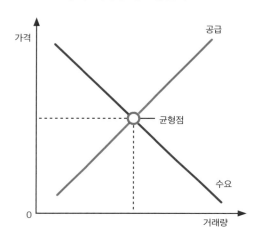

연합니다. 그러나 매수는 적은데 새 아파트만 많아지면 가격은 떨어집니다. 이런 부동산의 수요와 공급의 논리를 가장 잘 드러내는 지표가 '미분양'입니다.

새 아파트가 분양을 시작했는데 미분양이 생겼다는 의미는 무엇일까요? 집을 사려는 사람에 비해 새 아파트가 많이 지어졌다는 의미입니다. 집을 사려는 사람이 적은 이유는 여러 가지입니다. 많은 사람이 집값에 대해 부정적인 인식을 갖고 있거나, 금리가 올라 새 집을 사려는 마음이 사라졌을 수도 있겠죠. 경기가 안 좋으니 돈을 안 쓰려고 하는 것일 수도 있고요. 이유야 어찌되었든 미분양이 나왔다는 건 집을 사려는 수요에 비해 공급이 많다는 반증입니다.

미분양은 단순히 있고 없고가 중요한 것이 아니라 추세가 더 중요합니다. 미분양이 늘어나는 추세라면 가격이 하락할 확률이 높습니다. 사려는 수요가 적으면 가격은 떨어질 수밖에 없습니다. 반대로 미분양이 줄어드는 추세라면 가격이 올라갈 확률이 높습니다.

집을 매수하려고 할 때 미분양은 꼭 살펴봐야 하는 아주 중요한 요소입니다. 가격을 결정하는 유일한 지표는 아니지만 놓쳐서는 안 될 중요한 데이터임은 분명합니다.

4. 전세가율

최근 전세가가 폭락하면서 전세 사기 문제가 불거지고 있습니다. 전세가는 왜 올라갔다 내려갔다를 반복할까요? 전세가의 변동과 집값은 어떤 상관관계를 가지고 있을까요?

매매가 대비 전세가격의 비율을 '전세가율'이라고 합니다. 전세가가 높다는 건 매매보다 전세로 살고 싶은 사람이 많다는 것을 의미합니다. 어떤 상황일 때 매매보다 전세로 살고 싶은 사람이 많을까요? 매매가격이 폭락할 때 전세를 찾는 사람이 늘어납니다. 다른 변수가 크게 움직이지 않는 상황에서 매매가격이 폭락하면 전세로 살고 싶어 하는 수요가 많아집니다. 생각해보세요. 집값이 떨어질 때 집을 사고 싶을까요, 전세로 살고 싶을까요? 집값이 어느 정도까지 떨어질지 모르고 불안하니 전세로 살고 싶어집니다.

매매가가 하락하거나 정체기가 찾아오면, 특히 긴 침체기가 찾아오면 전세가격은 크게 올라갑니다. 이런 하락은 대부분 과공급이 원일일 확률이 높습니다. 부동산 시장이 좋으면 여러 건설사가 너도나도 분양을 하면서 공급이 많아집니다. 공급이 과도하게 많아지면 부동산 가격은 상승세가 꺾이며 하락하기 시작합니다. 미분양이 쌓이고 가격이 떨어지면 전세를 찾는 수요가 늘면서 전세가는 슬금슬금 높아집니다. 긴 하락이 이어지면서 공급도 줄어듭니다. 이때가 바닥인 경우가 많습니다.

높아진 전세가로 인해 전세가율이 최고조에 달하면, 다시 말해 전세가와 매매가가 거의 차이 없이 붙으면 갭투자로 집을 사는 사람이 생기기 시작합니다. 미분양이 쌓이면서 할인 분양된 집을 사는 사람도 늘어나고, 집값은 하락에서 상승으로 조금씩 반전합니다. 이와는 반대로 전세가율이 낮은 곳은 지속적으로 오랜 기간 매매가격이 상승한 곳입니다. 매매가의 지속적인 상승은 전세가와 매매가의 차이를 더 벌어지게 만들어서 전세가가 매매가를 따라가지 못하게 합니다. 일반적으로 본격적인 상승장이 시작되면 전세가율은 크게 줄어듭니다.

높은 전세가율은 매매가가 하락에서 상승으로 전환될 수 있는 중요한 변수로 작용합니다. 투자 전에 전세가를 지속적으로 모니터링해야 하는 이유입니다. 전세가율은 향후 매매가가 상승할 수 있는 중요한 여력 또는 에너지라고 생각하면 됩니다. 지속적으로 전세에 대한 수요가 높아지고 있다는 것은 매매를 하고자 하는 사람들, 곧 잠재 수요가 높아지고 있다는 의미이기도 합니다. 이 수요가 상승기 때 매매가를 끌어올리는 중요한 요인이 됩니다.

특히 수도권 전세가율의 의미는 대단히 중요합니다. 2,500만 명이 거주하는 큰 시장이 움직이기 위해서는 강력한 힘이 필요합니다. 부동산 시장의 중요한 여력이자 에너지인 전세가율이 힘을 보태면서 상승의 시작점을 만듭니다.

대부분의 지방 중소도시는 3년 정도의 누적공급으로 인해 상승이나 하락이 결정됩니다. 가령 3년간 공급이 많았다면 집값이 하락할 확률이 높고, 반대로 3년간 공급이 없었다면 집값이 올라갈 확률이 높습니다. 그에 반해 수도권은 3년 누적공급 정도로는 움직이지 않습니다. 수도권은 2008년 글로벌 금융위기 이후 2014년까지 긴 하락장을 경험했습니다. 거의 6년간 누적된 힘으로 2015년부터 상승이 시작되었죠. 누적된 힘이 긴 상승장을 만들어냈고, 그 끝자락에서 코로나19 시기의 전무후무한 유동성 공급으로 거의 8년간 (2014~2022년) 긴 상승이 이어졌습니다.

이러한 이유로 전세가율의 영향을 가장 많이 받는 지역은 수도권이고, 그다음은 광역시입니다. 중소도시는 상대적으로 전세가율의 영향이 약합니다. 따라서 수도권 투자를 고려한다면 전세가율을 중요한 요소로 봐야 하고, 나머지 지역은 다른 지표를 보다 유심히 살펴봐야 합니다.

　그러면 최근 '역전세' 문제는 왜 벌어진 걸까요? 그동안 매매가가 급격히 하락하더라도 전세가까지 이렇게 급락하는 경우는 드물었습니다. 앞서 설명했듯이 매매가의 하락은 전세 수요 증가로 이어지기 마련입니다. 최근 전세가까지 동반 하락한 이유는 '금리'에 있습니다. 코로나19 팬데믹 시기 때 지나친 유동성 공급으로 전 세계는 급격한 인플레이션을 경험합니다. 인플레이션을 잡고자 미 연준을 비롯한 각국의 중앙은행은 금리 인상을 단행했고, 시중금리는 무섭게 치솟습니다. 대출 금리 인상은 전세 시장으로 들어오려는 사람들에게 큰 부담으로 작용합니다. 결국 전세 대신 월세를 선택하는 수요가 늘면서 전세가는 하방 압력을 받습니다. 그렇게 역전세가 나타난 것입니다.

　지금의 역전세 현상은 향후 중앙은행의 금리 정책과 연동해서 볼 필요가 있습니다. 금리가 내려간다고 하면 전세가는 다시금 살아날 확률이 높습니다. 설령 급격하게 내려가지 않더라도 중앙은행에서 내리려는 움직임만 보여도 전세가는 다시 살아날 확률이 높습니다. 그렇지 않다면 한동안은 낮은 전세가를 유지할 것입니다.

　정리해보면 전세가는 여러 가지 면에서 매매가에 영향을 미칩니다. 하락장에서 상승장으로 전환하는 데 중요한 요소로 작용합니다. 전세가율은 향후 상승세를 이끌 중요한 여력이자 에너지입니다. 고로 투자를 고려한다면 전세가율을 꼭 확인해야 합니다.

5. 거래량

거래량이 늘어나면 집값이 올라갈까요? 집값의 향방을 가늠할 때 중요하게 쓰이는 지표 중 하나가 바로 거래량입니다. 거래량은 특히 집값이 하락하다 상승으로 전환되는 시점을 예측할 때 유효한 지표 인데요. 하락장에서 급감했다가 상승장으로 들어가는 초입에 늘어나는 경향이 있기 때문입니다. 사실 이건 당연한 일입니다. 가격이 많이 떨어졌다고 판단하면 매수하려는 움직임이 일어나기 마련이고, 이런 매수 움직임이 집값이 바닥에 다달았다는 시그널로 작용하는 것입니다.

상승장 중반쯤부터 거래량은 급증합니다. 그러다가 꼭지에 가까워지면서 조금씩 줄어들게 되죠. 물론 그럼에도 매매가는 계속 오르는 걸 볼 수 있습니다. 가격이 너무 비싸지면 거래량은 줄어들지만 시장참여자의 강한 심리가 매매가를 견인합니다. 상승장의 중후반부터 거래량은 '이미' 줄어들기 시작하고, 본격적으로 하락하면서부터 거래량은 미미해집니다.

서울 거래량 추이를 살펴보면 2020년 후부터 이미 거래량이 확 줄어든 것을 알 수 있습니다. 실제적으로 서울의 매매가가 떨어지기 시작한 건 2022년 중반부터인데 일찍이 거래량이 하락한 것입니다. 앞서 이야기한 것처럼 상승장의 중후반부터 거래량은 줄어들기 시작합니다. 그러다 2023년 초에 잠깐 거래량이 다시 움직이기 시작했습

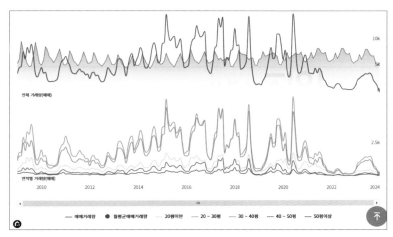

부동산지인에서 살펴본 서울 거래량 화면

니다. 만일 이때 다시 상승장이 시작될 것이라 여기고 진입했다면 잘 못 판단한 것입니다. 파란색 선 중 진한 것이 실제 거래량이고, 연한 것이 10년 동안의 월평균 거래량입니다. 실제 거래량이 월평균 거래 량에 못 미침을 알 수 있습니다. 그 결과 2023년 8월 이후 거래량이 다시 줄어들기 시작했습니다. 가격이 조금 올라가려고 하자 거래가 급감한 것입니다. 급매는 거래되지만 그 이상으로 오르면 거래가 안 되는 현상이 나타나고 있습니다. 이것이 아직은 거래량이 충분히 늘 어나지 않았음을 알 수 있는 단서입니다.

또 하나의 단서가 있습니다. 바로 전체 매물의 수입니다. 거래량 이 줄어들었다가 다시 증가하는 건 일시적일 수 있습니다. 주식에서 말하는 소위 '데드캣 바운스'일 수 있죠. 아무리 가격이 떨어지더라도 일정하게 집을 사고 싶어 하는 수요는 있습니다. 집값이 하락하기에 일시적으로 매수를 미루기도 하지만 그럼에도 사고자 뛰어드는 사람은 있기 마련입니다. 결혼을 하면서 집을 새로 사서 들어가야 하거나, 전세 계약이 끝나서 이사를 가야 하거나, 아이 학교 문제로 이사해야 하는 등 하락장에도 불가피하게 집을 사는 수요는 있습니다. 어떠한 사정으로 집을 사야 하는 사람과 많이 떨어진 가격에 매력을 느껴서 사는 사람이 겹치면서 '일시적'으로 거래량이 늘어나는 것입니다.

일시적인 현상인지 아닌지 점검해볼 수 있는 지표가 전체 매물 수입니다. 최근 서울 아파트 매물 증감 추이를 보면 매물이 점점 쌓이는 게 보일 것입니다. 분명히 거래는 되지만, 거래량은 많아지고 있지만 쌓이는 매물이 더 많은 것입니다. 이게 무슨 뜻일까요? 나오는 매물에 비해 거래량은 적다는 의미입니다. 거래량이 늘어나고 있음에도 매물이 쌓인다면 데드캣 바운스는 아닌지 의심해봐야 합니다.

아무리 거래량이 늘어났다고 하더라도 쌓이는 매물이 줄어들지 않으면 매매가는 올라가기가 어렵습니다. 물론 시황과 무관하게 급하게 팔아야 하는 사람은 있을 것이고, 그런 사람이 내놓은 급매를 싸다고 생각하거나 당장 집이 필요해 사는 사람도 있을 것입니다. 다른 집주인들은 급매가 거래되는 것을 보고, 일시적으로 거래량이 늘어난 것을 보고 가격을 올려서 내놓습니다. 그런데 급매가 아닌 가격에는 거래가 이뤄지지 않습니다. 매물이 수요보다 많기 때문입니다.

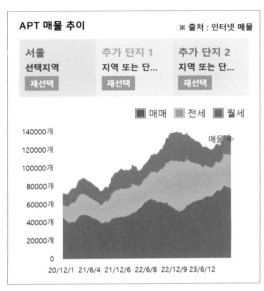

아실 '매물증감' 메뉴에서 살펴본 서울 아파트 매물 추이

　　다시 수요와 공급의 법칙으로 돌아옵니다. 적체되는 매물이 많아
지고 있다는 것은 수요에 비해서 공급이 많다는 것입니다. 그래서 단
순히 거래량이 늘어났다고 집값이 오른다고 생각해선 안 됩니다. 적
체된 매물을 소진시킬 만큼 거래량이 늘어나야, 다시 말해 공급에 비
해 수요가 많아야 상승으로 이어질 수 있습니다.

　　정리해보면 거래량과 가격의 상관관계가 가장 높은 시기는 상승
기 초반입니다. 하락장인데 거래량이 증가하면서 매매가가 높아진다
면 상승의 초입이라 볼 수 있습니다. 상승기에 접어들면 상승하는 가

격을 보고 사람들은 살지 말지 고심이 깊어집니다. 그래서 상승기 초입에는 거래량이 꾸준하게 올라가기보다는 왔다 갔다 하는 경향이 있습니다. 그래서 거래량은 하락기 이후에 나오는 첫 번째 거래량 증가가 가장 중요합니다. 그 타이밍을 기점으로 가격이 움직일 가능성이 높습니다.

한편 상승장 안에서 변화되는 거래량에 대해서는 큰 의미를 둘 필요가 없습니다. 만일 급격하게 또는 추세적으로 거래량이 꾸준히 줄어든다면 하락장이 시작될 확률이 높습니다.

05

지표는 어디서
어떻게 찾을까?

지표를 확인하는
간단한 방법들

1. 공급

공급을 확인할 수 있는 사이트는 정말 많지만 그중 정보가 가장 잘 정리되어 있는 곳은 부동산지인(aptgin.com)입니다. 사이트에 들어가서 상단의 '수요/입주'를 누르면 바로 확인 가능합니다. 지역과 유형 등을 선택하면 어느 지역에 어느 정도 공급되는지 바로 확인할 수 있습니다.

2. 가격

가격은 KB부동산 데이터허브(data.kbland.kr)를 권합니다. KB부동산 데이터허브 'KB통계' 메뉴에서 '주택가격동향조사'를 누릅니다. 그 안에 들어가면 아파트 매매가격지수, 전세가격지수 등 정말 많은 데이터를 조회할 수 있습니다. 기준 날짜를 100p로 잡고 가격이 어떻게 흘러가는지 보여줍니다. 사이트에서 보는 것도 좋지만 원본 데이터를 다운로드해서 보는 것이 좋습니다. 해당 화면에서 오른쪽 상단 'KB 통계자료실' 버튼을 누르면 엑셀 파일을 다운로드할 수 있습니다.

KB통계 자료실에 들어가면 주·월간 통계를 볼 수 있습니다. 대부분의 전문가나 뉴스가 해당 자료를 인용해 이야기한다고 보면 됩니다. 한국부동산원의 자료는 시장을 다소 소극적으로 반영하는 경우가 많아서 KB부동산의 자료가 많이 인용됩니다.

엑셀 자료에서 우리는 어디에 주목해야 할까요? 설마 상승하는 지역이라고 말하는 분은 없겠죠? 상승 지역은 이미 많이 비싸거나 비싼 지역이 되고 있다고 볼 수 있습니다. 그 말은 앞으로 하락을 앞두고 있다는 뜻이기도 합니다. 부침 없이 영원히 오르기만 하는 자산은 없으니까요. 반대로 하락 지역은 앞으로 상승할 여지가 있고 가격이 싸다는 의미이기도 합니다. 그래서 하락 지역 중에서 상승으로 바뀔 것으로 예상되는 곳을 찾는 것이 기본입니다.

| 서울 아파트 매매가격지수 증감률(2023년 11월 27일 기준) |

지역	아파트 매매가격지수				증감률(%)		
	금주	전주	전월	전년 말	전주 대비	전월 대비	전년 말 대비
전국	90.1	90.2	90.2	95.8	-0.02	-0.06	-5.91
서울	90.8	90.8	90.8	96.0	-0.03	-0.04	-5.41
강북 (14개 구)	88.5	88.6	88.7	95.5	-0.03	-0.13	-7.31
강북구	88.8	88.9	89.0	96.6	-0.11	-0.25	-8.05
광진구	94.1	94.1	94.0	99.3	0.01	0.12	-5.19
노원구	84.3	84.4	84.6	93.2	-0.06	-0.38	-9.49
도봉구	83.2	83.3	83.4	92.2	-0.16	-0.28	-9.82
동대문구	87.3	87.4	87.5	94.0	-0.06	-0.18	-7.15
마포구	93.2	93.2	93.2	96.8	0.00	0.03	-3.73
서대문구	89.0	88.9	88.7	96.3	0.17	0.33	-7.54
성동구	91.5	91.5	91.4	97.8	0.01	0.11	-6.47
성북구	86.0	86.0	86.1	93.2	-0.05	-0.12	-7.79
용산구	99.4	99.3	99.2	101.6	0.08	0.24	-2.17
은평구	90.7	90.7	90.9	97.6	-0.06	-0.22	-7.07
종로구	97.8	97.8	97.8	101.0	0.01	0.04	-3.11
중구	92.8	92.7	92.7	97.1	0.05	0.09	-4.47
중랑구	90.0	90.0	90.3	98.2	-0.07	-0.40	-8.39

지역	아파트 매매가격지수				증감률(%)		
	금주	전주	전월	전년 말	전주 대비	전월 대비	전년 말 대비
강남 (11개 구)	92.9	92.9	92.8	96.4	-0.02	0.03	-3.67
강남구	97.3	97.3	97.2	98.7	0.00	0.14	-1.43
강동구	90.7	90.6	90.5	93.6	0.06	0.21	-3.16
강서구	89.8	89.8	89.8	96.8	-0.04	-0.01	-7.29
관악구	88.8	88.9	89.3	96.2	-0.10	-0.61	-7.68
구로구	87.8	87.9	87.9	96.0	-0.07	-0.04	-8.45
금천구	91.7	91.7	91.8	96.7	0.00	-0.07	-5.18
동작구	90.7	90.7	90.7	97.6	0.00	0.01	-7.13
서초구	96.2	96.2	96.2	99.9	-0.03	-0.01	-3.73
송파구	93.9	93.9	93.8	92.8	-0.09	0.05	1.15
양천구	94.9	94.9	94.8	95.4	-0.01	0.17	-0.49
영등포구	94.0	93.9	93.8	97.8	0.03	0.13	-3.90

*2022년 1월 10일=100p

자료: KB부동산 데이터허브

주간통계표 서울 지역 매매가격지수 증감률을 보면 2023년 11월 27일 기준으로 전체적으로 전년 말 대비 하락했음을 알 수 있습니다. 전주 대비로 좁혀서 보면 광진구, 서대문구, 성동구 등은 소폭이나마 미미하게 상승했고 나머지는 하락 중에 있습니다.

부동산은 주식과 다르잖아요? 하루 만에 혹은 한 주 만에 갑자기 가격이 올랐다가 내렸다가를 반복하지 않습니다. 한 번 오르기 시작하면 계속 오르고, 내리기 시작하면 계속 내려가는 특성이 있습니다. 그래서 추세를 파악하는 것이 중요합니다. 그 추세를 파악하기에 KB 부동산 데이터허브의 자료가 아주 좋습니다.

매매가격지수 외에도 전세가격지수, 전용별 지수, 매수·매도우위지수, 전세 수급 등을 확인할 수 있습니다. 만일 관련 지표가 최소 3년 이상 하락했다면 매수하기에 좋은 시기가 다가오고 있다고 판단해도 좋습니다.

3. 미분양

4~5년 전만 해도 미분양 관련 정보를 정리해주는 사이트가 거의 없었습니다. 그래서 발표 자료를 하나하나 짜깁기해야 했는데요. 지금은 감사하게도 많은 사이트에서 잘 정리해서 제공해주고 있습니다. 국토교통부 통계누리나 국가통계포털에서 쉽게 확인이 가능합니다. 너무 많은 사이트를 보는 건 힘든 일이기에 직관적으로 정보를 제공하는 사이트 하나만 구독해서 볼 것을 권합니다. 이번에도 부동산지인입니다.

부동산지인 '지인빅데이터' 메뉴에서 '미분양'을 눌러 들어가면 전국 시군구별로 미분양 상황을 한눈에 볼 수 있습니다. 구체적으로

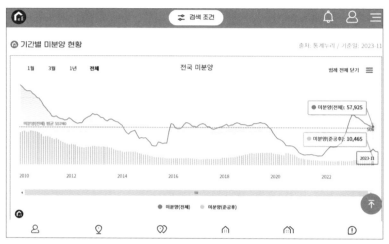

부동산지인 '지인빅데이터' 메뉴에서 살펴본 '미분양' 화면

는 단지별 미분양 상황까지 알 수 있어서 아주 좋습니다. 혹시 미분양
된 곳을 찾아 할인 분양을 받고 싶다면 활용하기 바랍니다.

4. 전세가율

전세가율 역시 부동산지인을 추천합니다. 상단 '지역분석' 메뉴에
서 전세가율을 확인할 수 있는데요. 부동산지인에서는 '전세율'이라
고 표현합니다. 2023년 12월 기준 전세율이 79%로 가장 높은 지역
은 전북, 경북, 충북입니다. 지역을 눌러서 들어가면 시군구별로 전세
가율이 나오고, 다시 한번 눌러서 들어가면 동별 전세가율까지 확인
가능합니다.

5. 거래량

거래량도 부동산지인에서 확인 가능합니다. 거래량은 '지인빅데이터' 메뉴에서 '거래량'을 눌러 확인 가능합니다. 이제 눈치채셨겠지만 부동산지인만 열심히 파도 많은 정보를 얻을 수 있습니다. 이 밖에 KB부동산, 한국부동산원에서도 관련 동향을 파악할 수 있습니다.

부록 | 인구수 vs. 가구수

투자할 때 많은 사람이 이야기하는 것 중 하나가 인구가 늘고 있는 지역에 투자해야 한다는 것입니다. 인구가 줄어들고 있는 곳은 피하라고도 합니다. 맞는 말일까요?

결론부터 이야기하면 맞는 말이기도 하지만 틀린 말이기도 합니다. 예를 들어 서울의 인구는 계속 줄어들고 있습니다. 서울에 있는 사람은 점점 늘고 있는 것 같은데 왜 인구수는 줄어들고 있을까요? 바로 경기도, 인천 등 수도권의 역할 덕분입니다. 외곽에 살기 좋은 새 아파트가 계속 들어오면서 실제로 서울에 거주하는 인구는 줄어드는 추세입니다. 서울로 출퇴근을 하는 등 오가는 인구는 많지만 실제 거주하는 인구는 지속적으로 줄어들고 있는 것입니다.

인구가 준다고 서울의 집값이 떨어졌나요? 인구는 점점 줄고 있는 반면 가격은 높아졌습니다. 이상하지 않나요? 부산, 대구도 인구는 줄고 있지만 가격은 올라갔습니다. 그래서 '인구' 하나만 놓고 부동산 가격을 논해선 안 됩니다. 인구가 부동산 가격을 움직이는 유일한 요인이 아니기 때문입니다.

그럼 인구는 어떻게 보는 게 좋을까요? 2023년 10월 기준 서울은 1천만 명에 못 미치는 940만 명이 거주하고 있습니다. 부산은 330만 명, 대구에는 237만 명, 광주는 142만 명입니다. 인구가 많다면 확률적으로 부자가 많을 확률이 높습니다. 내수가 뒷받침되니 사업을 하기에 용이하고, 다양한 니즈를 바탕으로 새로운 비즈니스가 나올 확률도 높습니다. 이 말은 즉슨 부동산 가격이 올라갈 여지가 높다는 의미입니다. 단순히 인구가 많아서 매매가가 올라간다가 아니라, 인구가 많음으로 인해 매매가 상승에 긍정적으로 작용할 요인이 풍부해졌다는 뜻입니다.

또 하나 눈여겨봐야 할 부분은 인구 구성입니다. 인구 자체보다 인구 구성이 더 중요합니다. 학령기인 10대 인구가 많은지, 경제 활동이 활발한 30~40대 인구가 많은지, 은퇴를 앞두고 있거나 은퇴를 한 50~60대 인구가 많은지 파악해야 합니다. 부동산을 매수할 여력이 있고 필요도가 높은 것은 역시 30~40대입니다. 만일 60대 이상이 다수라면 상승 여력이 낮을 수 있습니다.

그럼 가구수는 어떤 의미일까요? 우리가 흔히 이야기하는 '1인 가구'의 그 가구수 말입니다. 기사 중에 이런 기사를 본 적이 있을 거예

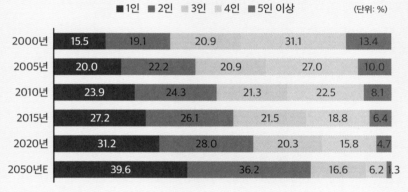

| 가구원 수별 가구 비중 |

■1인 ■2인 ■3인 ■4인 ■5인 이상 (단위: %)

연도	1인	2인	3인	4인	5인 이상
2000년	15.5	19.1	20.9	31.1	13.4
2005년	20.0	22.2	20.9	27.0	10.0
2010년	23.9	24.3	21.3	22.5	8.1
2015년	27.2	26.1	21.5	18.8	6.4
2020년	31.2	28.0	20.3	15.8	4.7
2050년E	39.6	36.2	16.6	6.2	1.3

자료: 통계청, NH투자증권 100세시대연구소

요. 1~2인 가구가 증가하고 있다고요. 20년 전만 하더라도 우리나라는 대다수가 3~4인 가구였습니다. 그런데 요즘은 1~2인 가구가 정말 많이 늘어났습니다.

그럼 가구수의 증감은 부동산 가격에 어떤 영향을 미칠까요? 가구수는 물리적으로 떨어져 있는 가구의 수를 뜻합니다. 고로 가구수야말로 실제적인 주택 수요라고 할 수 있습니다. 가구수가 10% 늘어났다고 하는 건 주택이 10% 더 필요해졌다는 의미와 같습니다. 주택 수요를 볼 때 인구수 증감이 아닌 가구수 증감을 봐야 하는 이유입니다. 가구수는 실제적인 주택의 수요이기 때문입니다. 따라서 1~2인 가구가 늘어나는 추세에 있다는 것은 앞으로 주택 수요가 더 많아질 것이라는 의미입니다.

정리해보면 인구수는 인구 자체보다는 소득과 연결 지어 보는 것이 합당합니다. 인구가 많다는 건 그만큼 소득이 높은 사람이 많다는 증거니까요. 단순히 인구수만 보는 것이 아니라 소득지표를 함께 확인할 필요가 있습니다. 인구 구성도 중요하고요. 가구수는 실제적인 주택 수요와 연결되는 부분이므로 가구수에 비해 공급이 많은지 적은지 살펴본 다음 집값을 예측해야 합니다.

그럼 처음의 질문으로 돌아가서 인구수가 중요할까요, 가구수가 중요할까요? 이분법적으로 생각하기보다는 각기 어떻게 부동산 가격에 영향을 주는지 세밀하게 확인해보고 둘 다 분석하는 것이 좋습니다. 그만큼 매매가의 향방은 다양한 요소가 복잡하게 얽혀 있습니다.

3장

그래서 가격은
적절한가요?

01
'이곳'이 많은 곳이
경쟁력 있다

핵심은
직장이다

수도권의 부동산을 볼 때 가장 중요한 요소 중 하나는 '직장'입니다. 회사 가까이에 있고 싶지는 않지만 그렇다고 거리가 너무 멀면 다니기 힘들잖아요? 제가 아는 어떤 분은 회사까지 2시간이 걸린다는데 정말 죽을 맛이라고 하더라고요. 그래서 집의 위치를 고를 때 직주근접을 우선시하는 경우가 많습니다. 특히 요즘은 일과 삶의 균형, 즉 워라밸을 추구하는 수요층이 증가하면서 출퇴근 시 소모되는 시간을

수도권 지역별 종사자 수, 사업체 수(2021년 기준)

등급	기준
S등급	30만 명 이상
A등급	20만 명 이상
B등급	10만 명 이상
C등급	10만 명 미만

지역명(등급)

종사자 수
사업체 수

의정부(B)
134,826
40,864

도봉구(C)
79,097
25,391

강북구(C)	성북구(B)	노원구(B)
80,222	124,004	133,398
26,385	34,712	37,909

파주(A)
225,992
56,504

종로구(A)	중구(S)	동대문구(B)	중랑구(B)
275,063	386,564	146,383	113,144
48,361	70,308	42,813	39,310

구리(C)	남양주(A)
69,136	215,236
21,325	66,794

일산서구(C)	일산동구(B)	덕양구(B)	은평구(B)	서대문구(B)
80,405	160,493	140,713	109,031	118,256
26,397	43,411	40,852	36,509	28,522

마포구(A)	용산구(A)	성동구(A)	광진구(B)
279,788	152,605	203,221	129,707
56,782	29,680	41,665	33,706

송파구(S)	강동구(B)	하남(B)
400,781	157,465	113,692
74,531	41,660	32,386

김포(A)
213,769
62,310

계양구(C)	강서구(A)	양천구(B)	영등포구(S)	동작구(B)	서초구(S)	강남구(S)
99,226	290,473	133,776	435,017	109,281	487,976	801,419
27,913	58,806	37,929	74,562	27,915	71,958	110,007

수정구(C)	중원구(B)	광주(B)
86,853	102,480	160,061
22,903	25,547	46,834

서구(A)	부평구(B)	구로(A)	금천구(A)	관악구(B)
230,658	166,781	240,689	255,449	128,417
58,270	45,679	52,791	47,964	37,915

분당구(S)
345,459
49,505

중구(B)	동구(C)	남구(B)	남동구(A)	부천(A)	광명(B)	만안구(B)	동안구(B)	과천(C)
115,326	40,492	135,727	255,508	318,670	105,342	90,282	181,783	37,242
22,370	11,247	41,395	57,621	87,889	26,653	23,436	40,016	6,039

연수구(B)	군포(B)	의왕(B)
145,549	115,375	61,890
32,548	26,843	13,761

수지구(C)
87,487
24,076

시흥(A)	단원구(A)	상록구(C)	장안구(C)	영통구(B)
242,187	247,815	94,144	81,345	168,344
69,637	50,693	30,679	20,963	30,260

기흥구(B)
183,105
39,614

화성시(S)	권선구(B)	팔달구(B)
564,646	124,748	106,946
109,971	34,033	25,731

처인구(B)
144,275
34,775

오산(C)
77,284
20,094

평택(A)	안성(B)
276,230	114,117
60,910	26,323

자료: 서울 열린데이터광장

114

줄이고자 직주근접을 따지는 경우가 늘고 있습니다. 따라서 투자를 고려하고 있다면 해당 지역 내 직장의 수를, 정확하게는 종사자 수를 잘 살펴봐야 합니다. 당연히 종사자 수가 많으면 많을수록 좋을 것입니다.

수도권 지역별 종사자 수, 사업체 수를 보면 중심업무지구가 어디인지 한눈에 보일 것입니다. 서울에는 3대 업무지구라고 불리는 강남권역(GBD), 종로권역(CBD), 여의도권역(YBD)이 있습니다. 서울시 지역내총생산(GRDP) 규모로 보면 강남이 1위이고 그 뒤를 중구, 영등포가 따르고 있습니다. 해당 지역에 있거나 이곳으로의 접근성이 좋은 주변 지역의 아파트는 비쌀 수밖에 없습니다. 이 밖에 방송의 메카 마포구 디지털미디어시티(DMC), 중소기업이 밀집된 가산디지털단지와 구로디지털단지, LG가 위치한 마곡지구, 제4차 산업과 스타트업의 메카 판교가 있습니다. 특히 제4차 산업으로의 변화가 가속화되면서 최근 판교의 입지는 점점 더 강력해지고 있습니다.

강남3구를 보면 종사자 수가 다른 지역에 비해 월등히 많음을 알 수 있습니다. 거의 150만 명에 육박합니다. 종로구가 60만 명이 조금 넘고, 영등포구가 43만 명임을 감안하면 강남 아파트가 왜 비싼지 납득이 갈 것입니다. 이처럼 직장이 얼마나 분포하고 있느냐는 집값을 결정하는 중요한 요소로 작용합니다.

직주근접과
집값의 상관관계

교통이 좋으면 집값이 높을까요? 그렇습니다. 그럼 교통 호재가 생기면 무조건 가격이 올라갈까요? 그렇지는 않습니다. 올라갈 가능성은 있지만 항상 그런 것은 아닙니다. 왜 그런지 지금부터 알아보겠습니다.

교통, 특히 역세권 여부는 부동산의 가치에 지대한 영향을 미칩니다. 핵심 권역과 거리가 먼 곳일지라도 교통이 좋으면 중심지와 멀다는 단점이 상쇄됩니다. 그렇기에 지하철역 주변 역세권은 높은 가격을 형성합니다. 주의할 점은 지하철이 아닌 버스는 집값에 별다른 영향을 주지 못한다는 것입니다. 자가용 이용에 영향을 미치는 도로 개발도 마찬가지입니다. 교통은 정시성이 중요합니다. 지하철이 아닌 버스나 자가용은 출근길에 차가 막히면 이동시간을 측정하기 어렵습니다. 그래서 정시성이 보장되는 지하철을 비롯한 KTX, GTX는 큰 호재로 작용하는 반면, 버스정류장 등은 부동산에 미치는 영향이 미미합니다.

교통을 이야기할 때 직장이 많이 모여 있는 도심과의 거리가 가장 중요합니다. 서울을 예로 들면 강남과의 거리, 종로와의 거리가 가장 중요한 잣대가 됩니다. 중심지 접근성이 개선되는 교통수단이 생기면

116

가격은 파격적으로 상승합니다. 가령 강남과 가까운 A지역이 교외인 B지역보다 1억 원 비싸다고 가정해봅시다. B지역에 강남으로 빠르게 갈 수 있는 교통망이 생기면 그 차이가 5천만 원까지 파격적으로 줄어들 수 있습니다. 대표적인 예가 판교, 수지, 광교입니다. 신분당선이 들어서면서 강남 접근성이 월등히 좋아졌고 이로 인해 높은 가격을 형성하게 되었습니다.

참고로 상승장에서는 교통 호재가 크게 작용해 가격을 견인하지만, 하락장에서는 힘을 발휘하지 못하기도 합니다. 하락장에서는 미래의 호재보다는 당장의 가치가 더 중요하게 인식되기 때문입니다. 또 수도권은 교통이 가격에 절대적인 영향을 미치지만 다른 지역은 상황에 따라 교통 호재에 둔감한 경우도 있습니다. 여러 변수가 작용하므로 교통 호재를 맹신해선 안 됩니다. 수도권은 일자리가 많은 곳이라 직주근접이 개선되면 가치가 크게 상승하지만 그렇지 않은 지역은 거의 차이가 없을 수 있습니다.

정리하면 교통은 지역과 지역 사이의 위치와 거리를 극복하고, 그에 따른 편익이 반영되면서 가격에 영향을 미칩니다.

02
학군과 집값의
상관관계

우리나라의 교육열은 전 세계적으로 유명합니다. 그러한 교육열 덕분에 우리의 지금이 있는지 모릅니다. 자원도 없고, 인구가 많지도 않고, 그렇다고 땅이 넓은 것도 아닌데 이렇게까지 발전한 건 인재를 키우는 교육이 큰 몫을 했다고 봅니다. 이번에는 부동산 투자에 있어서 빼놓을 수 없는 '학군'에 대해 이야기해보려고 합니다. 학군은 단순히 학교만 이야기하지 않습니다. 학교를 비롯한 학원가도 함께 봐야 합니다.

그럼 학군은 집값에 얼마나 영향을 미칠까요? 지대한 영향을 미칩니다. 집값에서 큰 비중을 차지하는 요소 중 하나입니다. 언뜻 생각해봐도 가격이 비싼 곳은 항상 학군을 끼고 있습니다. 강남이 대표적이죠. 기본적으로 모든 도시에는 학군이 어느 정도 자리 잡고 있습니다. 아무리 작은 도시라도 크든 작든 학군은 있기 마련입니다. 그래서 집을 매수할 때 학군에 대한 고려가 필요합니다.

중요한 것은 학군은 특정 시기에 자녀를 교육시켜야 하는 '시간' 요소가 존재한다는 것입니다. 부동산 가격에 영향을 미치는 다른 요소와 달리 학군은 시의성이 무척 중요하다는 특이점이 있습니다. 학부모 입장에선 반드시 자녀의 취학 연령에 맞춰서 집을 사거나 전세 계약을 맺어야 합니다. 예를 들어 아이가 내년에 중학생이 되는데 부동산 시장이 안 좋다고 진학을 1년 미룰 수는 없는 노릇입니다.

좋은 학군이란
무엇인가?

그럼 학군이 좋다는 건 무엇일까요? 학군은 구체적으로 어떻게 봐야 할까요? 학군이 좋다는 건 결국 명문 대학교 진학률이 높다는 뜻입니다. 좋은 대학교에 보내는 것이 교육열의 궁극적인 목적인 것이죠. 좋은 대학교에 보내려면 어떻게 해야 할까요? 좋은 고등학교에 보내야 합니다. 소위 'SKY' 대학교에 입학하는 학생들 중 절반 가까

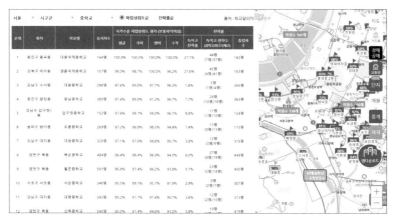

아실 '학군비교' 메뉴에서 살펴본 강남 중학교 학군 화면

이가 특목고 출신입니다. 특목고에 들어간다면 명문 대학교에 입학할 확률이 월등히 높아집니다. 일반고가 특목고보다 내신을 잘 받을 수 있어서 각광을 받기도 하지만, 절대적인 숫자로 보면 특목고의 명문 대 입학률이 더 높습니다.

그럼 아이를 특목고에 보내려면 어떻게 해야 할까요? 좋은 중학교에 가야 합니다. 그래서 진정한 학군은 '중학교'부터 형성된다고 합니다. '좋은 중학교가 있는 곳=학군이 좋은 곳'으로 판단해도 무리는 없습니다. 중학교 학군이 좋은 곳이야말로 곧 명문 학군인 것이죠. 중학교 학군은 아실이라는 사이트를 이용하면 쉽게 확인 가능합니다. 아실 '학군비교' 메뉴에서 학군 리스트를 조회하면 학교별 학업성취도와 특목고 진학률을 확인할 수 있습니다. 이러한 자료를 통해 해당 지역에 좋은 중학교가 있는지 파악할 수 있습니다.

더불어 학원가도 중요합니다. 근처에 학원가가 형성되어 있느냐에 따라 학군의 파급력이 달라집니다. 중학교 학군과 학원가 2가지만 놓고 보면 이곳이 학군으로 집값을 끌어올릴 여지가 있는 곳인지, 아닌지 알 수 있습니다.

학군이 탄탄한 곳은 상승기 때 더 크게 오르는 경향이 있습니다. 근데 상승기뿐만 아니라 하락기에도 학군을 찾는 수요는 존재합니다. 앞서 이야기한 시간 요소 때문에 그렇습니다. 취학하는 시기가 정해져 있다 보니 반드시 그 시기에는 꼭 이사를 가야 합니다. 그래서 상승기에는 매수를 결심할 가능성이 높고, 하락기에는 전월세로 참여하게 될 확률이 높습니다.

통계지리정보서비스(sgis.kostat.go.kr)에서 '업종통계지도'를 누른 다음 '교습학원' 밀집도를 검색하면 시도별 학군을 파악하기 용이합니다. 그럼 학군으로 유명한 도시 몇 개만 예시로 살펴보겠습니다. 도시마다 수요의 크기도 다르고 학군이 형성된 모양도 달라서 그 힘이 조금씩 다릅니다. 학군이 지닌 힘의 크기는 부자가 많이 모여 있는 지역일수록 강한 경향이 있습니다.

우선 서울을 보면 강남구 대치동은 전통적인 학군지입니다. 여기에 목동, 노원까지 학군이 잘 형성되어 있습니다. 광진구도 괜찮은 학군입니다. 부산은 좀 특이합니다. 해운대구가 중심이고 동래구 정도

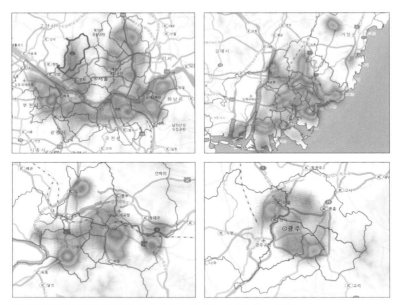

통계지리정보서비스 '업종통계지도'에서 살펴본 지역별 학군 현황(시계 방향으로 서울, 부산, 대구, 광주)

로 분산되어 있습니다. 단절되어 있는 도심의 지형적인 특성으로 인해 하나의 지역에 모여 있지 않고 분산되어 있는 것이 특징입니다. 대구는 수성구를 중심으로 아주 강력한 학군을 형성하고 있습니다. 수성구는 경북 전체 학군의 집약체로 볼 수 있습니다. 수성구의 학구열은 전국적으로도 유명하죠. 광주는 봉선동이 대표적입니다. 여기도 강력한 학군 수요로 인해 다른 지역과는 집값이 완전히 다릅니다.

간단히 소개한 지역들 외에도 모든 지역에는 저마다 학군이 있습니다. 가령 지역마다 ○○아파트는 △△중학교에 갈 수 있어서 가격이 높다거나, ○○아파트는 △△중학교까지 횡단보도를 건너지 않고 갈 수 있어서 가격이 높다는 이야기를 들어봤을 것입니다. 지역 안에서도 선호되는 중학교가 있고, 해당 중학교로 배정받을 수 있는 단지는 확실히 다른 단지보다 매매가가 높고 손바뀜이 잦습니다. 학원가 역시 모든 지역에 있으며, 해당 학원가와 가까울수록 집값은 영향을 받습니다.

학군의 개념에 대해 크게 정리해봤는데요. 세밀하게 파고들면 더 많은 요소가 있지만 일단은 이 정도만 알고 있어도 충분합니다.

03
환경과
주요 인프라

환경이 좋으면
집값이 오를까?

입지 가치를 결정하는 중요한 요인 중 하나가 '환경'입니다. 여기서 환경이란 공원, 산, 강과 같은 자연환경과 백화점, 대형마트, 종합병원과 같은 인프라를 뜻합니다. 당연히 사람들은 자연환경이 좋고 편의시설이 잘 갖춰져 있는 지역을 선호합니다. 이러한 요소는 집값에 어느 정도 영향을 미칠까요?

영향이 없다고 말할 수는 없지만 지역마다 다르게 작용한다고 봐야 합니다. 정확히는 다른 입지 요소보다는 상대적으로 영향이 적다고 볼 수 있습니다. '그럼 환경은 볼 필요 없는 것 아니야?' 하는 생각이 들지 모릅니다. 그렇지 않습니다. 마트나 병원이 가까이 있고 녹지 비율이 높아 찾는 사람이 많은 아파트 단지나 지역도 분명히 있으니까요.

가령 용산구는 녹지 비율이 높은 대표적인 지역입니다. 특히 용산공원이 개방되면서 지역의 가치가 높아졌습니다. 근처 주상복합의 경우 용산공원이라는 환경의 가치뿐만 아니라 용산역과 신용산역이 가깝고, 용산국제업무지구 개발이라는 호재까지 작용해 엄청난 매매가를 형성하고 있습니다.

종합병원 역시 중요한 요소입니다. 삼성서울병원이 있는 일원동이 대표적인 예입니다. 종합병원의 혜택과 더불어 지역에 의료계 종사자가 유입되면서 매매, 임대 수요까지 높아졌습니다. 대왕초등학교의 학업성취도는 전국 1위입니다. 여러 이유가 있겠지만 고소득자 거주 비율이 증가해서 그렇다는 이야기가 있습니다. 이렇듯 환경 요소가 타 지역 대비 절대적 우위를 점하면서 입지적 가치를 제고하기도 합니다.

그럼 환경과 주요 인프라는 어떻게 확인할까요? 아주 간단합니다. 마트, 병원, 백화점 등은 인터넷 검색 몇 번이면 금방 확인 가능합니다. 네이버지도, 카카오맵, 구글 지도를 활용하는 방법도 있습니다.

카카오맵으로 살펴본 수서역 일대 지적편집도

요즘은 스타벅스 숫자까지 하나의 지표로 보기도 합니다. 그만큼 입지 가치가 뛰어나기에 스타벅스 지점이 많다고 판단하는 것이죠.

지도를 볼 때는 '지적편집도'를 보는 것을 권합니다. 주거지역은 연두색, 상업지역은 분홍색, 녹지지역은 초록색으로 표시됩니다. 카카오맵으로 살펴본 수서역 일대 지적편집도를 참고하기 바랍니다. 지적편집도를 보면 어디가 상업지역이고, 주거지역이고, 녹지지역인지 바로 확인이 가능합니다. 업무시설이나 상업시설이 어디에 모여 있는지, 주거지가 주로 모여 있는지, 업무지구의 역할을 하는 곳인지, 녹지 비율은 어느 정도인지 한눈에 확인이 가능합니다.

여러 지역의 지적편집도를 보고 임장을 몇 번 가보면 나중에는 지도만 봐도 감이 올 것입니다. 여기는 상업시설이 몰려 있어서 시끄러울 수 있지만 한 블록 뒤의 아파트는 경쟁력이 있겠네, 여기는 회사가 많아서 사람들이 선호하겠네, 낮에는 사람이 여기로 모이고 밤에는 여기가 붐비겠네, 이 지역은 녹지 비율이 높아서 주거지로 가치가 높겠네 등 지적편집도만 봐도 가닥이 잡힐 것입니다.

환경 요소는 거주하면서 느끼는 편의성과 함께 다른 입지 요소와 시너지를 낼 수 있는지 살펴볼 필요가 있습니다. 특정 환경 요소가 타 지역 대비 절대적인 우위를 가져온다면 가격에도 많은 영향을 미칩니다.

04

싸고 비싸고는
비교해봐야 안다

비교 평가로
가격 파악하기

여러분은 어떤 재화의 가격을 볼 때 싼지 비싼지 어떻게 파악하나요? 수박을 산다고 가정해봅시다. 한 통에 2만 원이라면 저렴한 걸까요? 모르겠습니다. 그런데 갑자기 작년에 비슷한 수박을 1만 5천 원에 샀던 기억이 떠오릅니다. 그러면 2만 원짜리 수박이 비싸게 느껴지겠죠. 그런데 다른 마트에 가보니 비슷한 수박을 3만 원에 팔고 있습니다. 그러자 2만 원짜리 수박이 갑자기 싸게 느껴집니다. 물론 가격만 보고 살 순 없습니다. 수박의 가치도 비교해봐야 합니다. 크기와 당도가 비슷한데 가격만 다르다면 가격이 저렴한 쪽이 가성비 좋은 수박일 것입니다.

부동산도 마찬가지입니다. 저평가된 부동산을 산다는 것은 가치에 비해 저렴한 부동산을 매수한다는 의미입니다. 해당 부동산이 싼지 비싼지는 수박과 마찬가지로 비교 평가로 알 수 있습니다. 입지와 조건이 비슷한 다른 부동산과의 비교를 통해 싼지 비싼지 알 수 있습니다. 매수하려는 부동산이 지닌 본연의 가치에 비해 저렴하게 산다면 잃지 않는 투자가 가능합니다. 설령 경기가 안 좋아지고 시장이 하락세로 전환되어도 본연의 가치보다 저렴하게 매수했다면 잃지 않을 확률이 높습니다.

그럼 실제로 비교해보겠습니다. 과천과 평촌을 비교해봅시다. 두 지역의 가치를 직장, 교통, 학군, 환경 4가지 지표로 비교해보겠습니다. 지금은 포괄적으로 비교하지만 실제로는 특정 아파트 단지를 두고 비교해야 합니다. 그래야 더 정확합니다. 주관적으로 과천과 평촌을 비교하면 직장을 제외하고는 과천이 근소하게 우위에 있다고 봅니다.

과천은 강남과의 거리가 가깝고 학군과 환경 면에서도 평촌에 비해 우위에 있습니다. 실제로 평촌보다 비싼 가격을 형성하고 있죠. 최근 신규 아파트 단지가 여럿 지어지고 있고, 지식산업센터도 들어오

| 과천 vs. 평촌 |

구분	과천	평촌
직장	C	B
교통	B	C
학군	B	B
환경	A	B

고 있어서 유일한 단점인 일자리 문제조차 해결될 것으로 기대됩니다. 정부청사가 세종시로 옮겨지기 전에는 지금보다 위상이 높았죠. 참고로 부동산의 가치에 대해 비교할 때는 최대한 객관적인 잣대가 필요합니다. 최소한 한 달이라도 그곳에 살아보거나 임장을 다니면서 비교한다면 도움이 됩니다. 후술하겠지만 그래서 임장은 굉장히 중요한 부분입니다.

본론으로 돌아와서 과천이 평촌보다 입지 가치는 뛰어납니다. 그런 상황에서 두 지역의 대장 아파트의 가격이 어느 순간 어떤 이유로 인해 동일해지거나 비슷해진다면 어디를 사야 할까요? 두말할 것 없이 당연히 과천입니다. 부동산을 비교 평가한다는 것은 이렇게 쉽고 당연한 문제를 푸는 과정입니다. 수십 개 지역을 한 번에 비교하기 어렵기 때문에 이렇게 하나씩 비교해나가는 것입니다.

이런 비교가 가능하려면 가치를 판단할 수 있는 눈을 키워야 하는데요. 손품을 팔아 객관적인 자료를 수집하고, 발품을 팔아 해당 지역을 눈으로 직접 봐야 합니다. 그렇게 파악하고 분석한 지역이 많아지면 많아질수록 어느 지역의 어디가 저평가되어 있는지 분별할 수 있는 눈, 즉 선구안을 키울 수 있습니다.

평생 한곳에서 살았고 부동산에 관심이 없어 가격이 어떻게 형성되어 있는지 모르는 사람이 있는 반면, 수도권 곳곳과 전국 방방곡곡을 직접 누비며 주요 지역의 입지와 가격을 한눈에 파악한 사람도 있습니다. 둘 중 누가 더 객관적으로 입지 가치를 비교하고 평가할 수 있을까요? 당연히 후자입니다. 그래서 부동산은 발품이란 말이 나오는 것입니다. 투자를 잘하려면 부지런히 눈으로 살펴야 합니다.

문제는 모든 지역을 눈으로 살필 순 없다는 것입니다. 또 그럴 필요도 없고요. 모든 지역에 투자할 수는 없으니까요. 실거주를 고려한다면 한두 지역에만 집중하는 것이 좋습니다. 예를 들어 내가 지금 당장 이사하고 싶은 지역이 있다고 가정해봅시다. 원하는 지역과 단지, 평형이 정해졌다면 가격을 파악합니다. 같은 단지 안에서도 여러 가지 이유(입구와의 거리, 경사, 동, 향, 층 등)로 가격이 다를 수 있으니 한두 번은 꼭 방문해서 실물로 봐야 합니다. 그렇게 가격을 조사해 적어둡니다. 그다음 해당 아파트 근처의 다른 아파트도 살펴봅니다. 2~3개 단지면 충분합니다. 마지막으로 그 지역과 연관 지역에 있는 아파트 단지를 찾아 조사합니다.

1. 이사를 희망하는 아파트 단지

2. 주변 아파트 단지 2~3개

3. 연관 지역 아파트 단지 2~3개

5~7개 정도의 아파트 단지를 조사합니다. 개수가 적으니 임장을 가기에도 부담이 없습니다. 이렇게 비교하고 평가하면 어느 아파트 단지가 가장 가성비 좋고 저평가 상태인지 파악하기 용이하겠죠.

이전에는
얼마였을까?

내가 매수하고자 하는 부동산이 향후 얼마나 오를지 예측할 수 있는 아주 간단하면서도 좋은 방법은 '전고점'을 확인하는 것입니다. 대부분의 부동산은 반드시 전고점을 회복합니다. 대부분이라고 해서 모든 부동산이 그런 것은 아니지만 거의 다 그렇습니다. 왜 그럴까요? 부동산은 한 국가 그리고 자본주의 시스템과 긴밀히 연관되어 있기 때문입니다.

한 국가가 발전을 거듭한다면, 정확히는 GDP의 성장이 지속적으로 이어진다면 해당 국가의 자산은 장기적으로 우상향할 수밖에 없습니다. 국가가 성장하면 돈이 모일 테고, 혁신이 일어나 산업이 발전할 것이며, 사람들의 삶은 점점 더 윤택해질 테니까요. 아무리 요즘 국내 경기가 힘들고 어렵다고 하지만 20~30년 전을 생각해보세요. 그때에 비하면 얼마나 잘 살고 있습니까. 우리나라보다 못 사는 나라가 얼마나 많습니까.

자산 가격 상승의 이유는 자본주의 시스템에서 찾을 수 있습니다. 자본주의의 가장 기본적인 시스템 중 하나가 '은행'입니다. 은행은 돈을 저축하고 돈을 빌려주는 일을 하는데요. 이때 지급준비율이라고 해서 일정 금액의 돈만 은행에 남기고 빌려줄 수 있습니다. 우리나라 은행의 지급준비율은 대부분 7% 정도입니다. 나머지 돈은 모두 융통할 수 있습니다. 그렇게 돈을 빌려주면 어떤 일이 일어날까요? 100%에서 7%를 제외한 93%의 돈이 시중에 나옵니다. 그러한 돈 중 일부는 다른 은행으로 들어갈 것이고, 해당 은행은 다시 7%만 남기고 나머지를 풉니다. 이런 일이 거듭된다면 실제 돈보다 많은 돈이 시중에 돌 것입니다.

놀랍지 않나요? 모든 돈이 은행에만 있지는 않겠지만 돈은 이렇게 돌고 돌면서 자연스럽게 자산의 가치를 제고합니다. 화폐의 가치는 떨어지겠지만 자산의 가격은 올라갈 수밖에 없겠죠? 자산의 내재가치는 일정한데 비해 그 상대에 있는 돈은 엄청나게 많아지니까 말이죠. 또 국가는 국채라고 해서 부채로 국가를 경영하고 있고, 정치인은 포퓰리즘에 입각한 복지 정책을 펼치고 있습니다. 코로나19 시기에 얼마나 많은 돈을 풀었습니까? 국가 경제에 위기가 오면 정부는 세금만으로는 부족하니 돈을 찍어내서 극복하곤 합니다. 이처럼 국가를 경영하는 과정에서 만들어지는 빚과 이자를 감당하기 위해서라도 돈을 찍어낼 수밖에 없습니다.

미국과 한국의 국가 채무와 부채 규모를 보세요. 무서운 속도로 증가하는 게 보이나요? 더 무서운 것은 지속적으로 상승폭이 늘고 있다는 겁니다. 이자를 감당하기 위해서라도 돈을 찍어낼 수밖에 없는 구조입니다. 현대 자본주의의 숙명이죠. 이렇듯 돈은 끊임없이 휴지조각이 되고 있습니다. 끊임없이 가치가 떨어집니다. 반면 자산의 가격은 계속 올라가고 있습니다. 자산의 내재가치는 그대로인데 돈의 가치가 떨어지니 상대적으로 값이 올라가는 것입니다. 이제 이해되나요?

특히 부동산은 특성상 우상향하는 모습을 보이고 있습니다. 주식의 경우 기업의 사업이 어려워지거나, 경쟁에서 밀리거나, 산업의 트렌드가 바뀌거나, CEO의 방만 등 여러 이유로 회사가 어려워지거나 망할 수 있습니다. 그러나 부동산은 다릅니다. 부동산은 말 그대로 '부동(不動)'이기에 사라지지 않습니다. 부동산은 결국 땅을 사는 것이고, 땅의 입지만 좋다면 가치는 우상향합니다.

아파트를 매수할 때 착각하는 것 중 하나가 건물이 가진 상품성에 대한 생각입니다. 실제로 사람의 눈에 보이는 건 건물이니, 건물의 외

| 미국 연방정부 부채 추이 |

(단위: 달러)

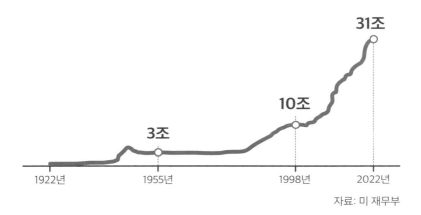

31조

10조

3조

1922년   1955년   1998년   2022년

자료: 미 재무부

| 대한민국 채무 추이 |

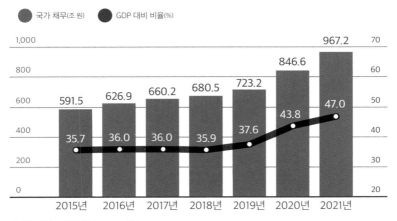

● 국가 채무(조 원)   ● GDP 대비 비율(%)

*중앙정부+지방정부(추정) 기준

자료: 기획재정부

관이 좋아 보이면 비쌀 것 같고 아니면 싸게 느껴집니다. 새 아파트를 선호하는 이유가 여기에 있습니다. 그런데 그건 극히 일부만 보는 것입니다. 부동산은 결국 땅을 사는 것입니다. 오래된 구축이 왜 비쌀까요? 40년, 50년 넘은 아파트 단지의 매매가가 올라가는 이유는 무엇일까요? 바로 그 아파트가 위치하고 있는 '땅'의 가치 때문에 그렇습니다. 단순히 재개발이나 재건축이 되어서 가격이 높아지는 게 아니라, 땅이 아주 좋은데 그 땅 위에 새 아파트가 들어온다고 하니 돈이 몰리는 것입니다.

지방 산골에도 새 아파트를 지을 수는 있지만 지은다고 한들 사람들이 거기에 수십억 원씩 돈을 넣고 투자할까요? 절대 그럴 리 없죠. 서울 한복판에, 부산 해운대 바닷가에 새 아파트가 지어진다고 하니 돈이 되는 거죠. 입지 가치가 뛰어난 부동산은 우상향할 수밖에 없습니다. 물론 모든 자산에는 변동성이 있어 오르기도 하고 내리기도 하지만 내재가치가 뛰어나다면 장기적으로 본연의 가치에 수렴해 우상향할 것입니다. 그래서 전고점은 부동산 투자에 있어 굉장히 중요한 지표입니다. 경제 상황, 정부 정책, 금리, 공급과 수요 등 여러 이유로 가격이 떨어지더라도 본연의 가치에 수렴해 분명 다시 회복할 테니까 말이죠.

모든 부동산이 우상향할까요? 아니요. 대부분이 그렇다고 했지 모든 부동산이 그런 것은 아닙니다. 부동산은 경제 활동을 위해 반드시 필요합니다. 사무실도 필요하고, 공장도 필요하고, 창고도 필요하고, 그곳에서 일할 사람들의 집도 필요하죠. 그래서 경제 활동이 일어나는 장소에서는 부동산의 가치가 높지만 그렇지 않은 곳이라면 상대적으로 중요도가 떨어지게 됩니다. 외곽에 있는 새 아파트는 새 아파트일 때는 좋지만 노후화되기 시작하면 가격이 떨어집니다. 반면 도심에 있는 노후 아파트는 상품성이 떨어지더라도 입지가 좋아서 가격이 쉽사리 떨어지지 않습니다. 오히려 오래될수록 더 올라가죠. 우리가 입지를 봐야 하는 이유입니다. 그리고 글로벌 경제와 산업의 트렌드도 봐야 합니다. 산업이 모이는 곳에 돈이 모입니다.

우리의 목표는 상대적으로 저평가되어 있는 곳을 사는 것입니다. 5년 이내의 신축 아파트가 아니라면 쉽게 전고점에 대한 정보를 얻을 수 있습니다. 혹시 신축의 전고점을 확인하고 싶다면 같은 지역의 비슷한 입지의 아파트 중 10~20년 정도 연식이 있는 아파트를 살펴보면 됩니다. 만일 전고점이 너무 낮게 형성되어 있다면 조금 의심해봐야 합니다. 특정한 이유가 있다면 모를까 그게 아니라면 다른 매물을 찾는 게 좋습니다.

05
매매가와 전세가의
아름다운 하모니

부동산 가격은
사이클이 있다

부동산 가격에는 일정한 사이클이 있습니다. 가격이 올라가고 내려가는 일정한 패턴이 있습니다. 부동산만이 가지는 특성이죠. 그 흐름은 대략 이렇습니다.

시장이 좋은 시기에는 주택 공급이 많아집니다. 계속 올라가던 부동산 가격은 정점에 이르게 되고, 앞으로 공급이 더 많아질 것이라 예상되면 가격은 꺾이기 시작합니다. 살 수 있는 아파트가 많아지니 수요와 공급의 균형상 당연히 가격은 떨어질 수밖에 없습니다. 그럼에도 현재 가격이 좋기에 건설사는 공급을 지속합니다. 이미 공급 허가를 받아둔 상황이고 은행에서 돈도 빌린 터라 멈출 수 없습니다. 아파트를 짓기 시작하면, 다시 말해 '착공'에 들어가면 빨리 건설을 마치는 것이 중간에 멈추는 것보다 낫습니다. 완공이 늦어지면 늦어질수록 이미 끌어다 놓은 돈에 대한 부담이 커지거든요. 그래서 가격이 떨어지기 시작해도 곧바로 주택 공급을 멈출 수는 없습니다.

부동산 매매가가 하락하고 이어서 전세가도 하락합니다. 이게 지속됩니다. 매매 수요가 하락하고 심리도 바닥을 치기 시작합니다. 그럼에도 이미 시작한 공급을 멈출 수 없으니 새 아파트가 매매 수요보다 많아집니다. 미분양이 나타나고 점차 증가합니다. 미분양이 실제적으로 쌓일 때쯤에야 건설사는 공급을 멈춥니다. 손실을 감수하고 공급을 멈추는 것이죠. 그렇게 다시 시간이 지나면 새 아파트에 대한 공급 부족 현상이 나타납니다. 공급이 다시 부족해졌지만 그동안 가격이 계속 떨어지는 걸 지켜본 사람들은 매수를 망설입니다. 심리가 바닥이라 거래가 잘 안 일어납니다.

수요는 높은데 심리가 바닥인 상황에서는 모두 전세를 원하기에 전세가만 상승합니다. 매매가는 그대로여서 전세가율만 올라갑니다. 전세가가 올라도 심리가 바닥인지라 매매가는 쉽사리 올라가지 않습니다. 언론에선 폭락론자가 득세합니다. 온갖 이유를 들어서 다시는 부동산이 올라가지 않을 것처럼 말합니다.

　시황과 무관하게 매년 집을 사려는 수요는 일정하게 있습니다. 결혼, 독립 등 새로운 가구에서 창출되는 수요와 더불어 주택 노후화로 멸실주택이 나타나면서 새로운 집을 사고자 하는 수요가 만들어집니다. 이러한 수요는 전세로 이어지고, 이후 전세가와 매매가가 거의 차이가 없을 때 어쩔 수 없이 집을 매수합니다. 구축보다는 신축이 좋으니 신축을 사기 시작하고 그러면서 미분양이 조금씩 해소됩니다.

　공급이 계속 부족했기에 전세가가 올라가면서 매매가와 수준이 비슷해지고 미분양이 적어집니다. 그러다 어느 순간 매매가가 올라가기 시작합니다. 거래량이 증가합니다. 심리가 회복되지 않은 상태지만 공급 부족으로 물량이 적으니 소수의 실거주 수요자와 투자자로 인해 가격은 갑자기 올라가기 시작합니다.

　계속 바닥인 것 같고 주변에서도 집을 사면 안 된다고 말하는데 물건이 없으니 가격은 올라갑니다. 이때부터 일부 상승론자의 목소리에 힘이 실리지만 심리는 쉽사리 바뀌지 않습니다. 사람들은 계속 의심합니다. 긴 하락을 경험했으니까요. 그러다가 부동산 시장이 활성화되기 시작하면서 어느 순간 상승장이 들어섭니다. 매매가와 전세가가 함께 오르다가 매매가만 홀로 올라갑니다.

　이때야 건설사는 다시 공급을 시작합니다. 인허가도 다시 받아야 하고, 긴 하락장으로 심리가 얼어붙어 투자자와 대출은행을 설득하는

데 시간이 걸립니다. 상승장에 참여하고 싶어 하는 분위기가 형성됩니다. 심리가 바뀌기 시작하는 것이죠. 그럼에도 전저점을 알기에 쉬이 사지 못합니다. 결국 미분양이 창궐하던 시기에 어쩔 수 없이 샀던 사람과 초기 투자자만 승자가 됩니다.

가격이 올라가면 올라갈수록 건설사는 열심히 공급을 합니다. 공급이 많아지면 다시 처음으로 돌아가 수요보다 공급이 많아지면서 부동산은 하방 압력을 받습니다. 가격이 떨어지기 시작해도 건설사는 건설을 멈출 수 없습니다. 착공과 완공까지 2~3년의 차이가 있고, 착공을 하기 위해 인허가를 받는 기간까지 포함하면 아파트를 공급하기 위해서는 적어도 4~5년의 기간이 필요하기 때문입니다. 시황을 바로바로 반영하기에는 '건설 기간'이라는 절대적인 시간이 필요한 것이죠.

이렇듯 부동산 가격에는 사이클이 존재합니다. 사이클을 잘 파악해서 현재 우리가 어디쯤에 있는지 보는 것이 중요합니다. 그러면 매매 타이밍을 잡는 것은 어렵지 않습니다.

06

손품, 발품은
기본이다 ①

어떻게 찾고,
무엇을 볼까?

이제 본격적으로 임장을 가봅시다. 임장을 간다고 하면 원하는 지역을 찍고 그냥 바로 가면 될까요? 아닙니다. 아는 만큼 보인다는 말이 있죠. 모르고 가면 아무것도 모릅니다. 그냥 느낌만 남습니다. 알면 알수록 보이는 것도 많습니다. 그래서 알고 가는 게 중요합니다. 이때 필요한 게 '손품'입니다. 임장을 가기 전에 간략하게라도 현장을 조사해보는 것인데요. 성공적인 임장을 위해 사전에 무엇을 조사해야 할까요?

부동산 투자에서 성공하기 위해서는 타이밍, 입지, 가격만 확인하면 끝입니다. 손품을 들이는 단계는 이 중 '입지'와 '가격'을 확인하는 과정이라 생각하면 됩니다. '임장 없이 그냥 인터넷으로 검색해서 끝내도 되지 않나?' 하는 생각이 든다면 오산입니다. 직접 가보지 않고는 알 수 없는 것이 너무 많습니다. 실물이 있는 부동산이기에 그렇습니다. 다만 현장에 가기 전에 사전조사를 해두면 임장 과정에서 시행착오를 줄일 수 있어 좋습니다.

임장을 갈 때 대부분 '구' 단위로 봅니다. 예를 들어 한 달에 한 지역을 임장하는 것이 목표라면, 한 지역은 보통 하나의 '구'를 의미합니다. 조금 벅찰 수 있지만 적당한 양입니다. 하나 이상의 구를 보면 너무 넓고, 그보다 작으면 조금 시간이 남습니다. 먼저 개괄적으로 지역을 봅니다. 네이버 지도를 탁 켜고 위치가 어디쯤인지 넓게 지역을 살펴봅니다. 예를 들어 임장 목적지가 서울 강동구라면 지도를 보면서 '강동구는 송파구 옆에 있고 하남시와도 바로 연결되어 있구나. 강 건너에는 광진구도 있고 구리시도 있구나.' 하고 대략적으로 위치를 살핍니다.

이제 지도를 좀 더 확대해 행정구역을 살펴봅니다. '구'보다 세부적인 '동' 단위로 행정구역을 봅니다. 강동구에는 천호동, 고덕동, 둔촌동 등이 있습니다. 입지 조건을 대략적으로 생각해봅니다. '강남

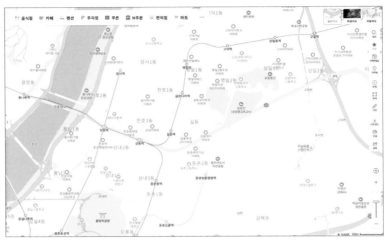

네이버 지도에서 강동구 일대만 확대한 화면

3구와 붙어 있으니 배후 주거지일까?' '여기에도 일자리가 많을까?'
'하남이 엄청 가깝네, 어떻게 연결될까?' '교통은 비교적 좋은 것 같은
데 실제로 그런가?' '강동구에 학군 좋은 곳이 있었나?' '최근에 공급
은 어떻지?' '상권은 어떻게 형성되어 있을까?' 등을 그냥 상상해봅니
다. 답을 찾는 게 아니라 상상을 해보는 것입니다. 답은 어차피 추후
확인할 수 있습니다.

이때 지적편집도도 확인해봅니다. 네이버 지도 '지적편집도' 메뉴
를 클릭하면 곧바로 지도가 전환되어 확인 가능합니다. 분홍색은 상
업지구, 녹색은 녹지, 나머지는 주거지역입니다. 주거지역도 전용주
거지역, 일반주거지역, 준주거지역으로 나뉘지만 간략히만 살펴봅니

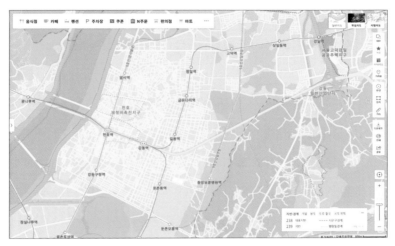

네이버 지도에서 살펴본 강동구 지적편집도

다. 주거지역의 종류에 따라 건폐율, 용적률 제한이 다르며 준주거지역은 주거와 상업을 둘 다 할 수 있는 곳입니다.

쓱 살펴보니 주거지역이 정말 많습니다. 녹지도 정말 많습니다. 주거지역 위주의 베드타운일 확률이 높겠죠? 상업지역을 보면 천호역과 강동역에 몰려 있습니다. 고덕역에도 일부 있네요. 이를 통해 강동구 사람들은 천호역이나 강동역에 가서 밥을 먹고 쇼핑도 한다는 것을 대략적으로 알 수 있습니다. 이처럼 모든 땅은 용도가 정해져 있어서 그 용도에 맞게 사용하게 되어 있습니다. 그래서 땅 투자하는 분들 중에는 용도 변경을 위해 엄청나게 노력하는 경우도 있습니다.

이제 본격적으로 강동구를 살펴봅니다. 총인구수, 세대수, 세대당 인구 등을 봅니다. 그리고 서울의 다른 구와 비교해 인구 형태와 분포는 어떤지 확인해봅니다. 관련 자료는 국가통계포털(kosis.kr)에서 확인 가능합니다.

강동구는 서울 내에서 인구가 10번째로 많습니다. 그런데 근접한 구와 비교해보면 60대 이상 인구가 많이 분포하고 있습니다. 베드타운의 성격이 강하면서도 노령화가 많이 진행된 형태라고 보면 좋을 것 같습니다. 대학도, 직장도 상대적으로 적어서 50대 이하 인구가 적은 편입니다. 인구수는 계속 줄어들고, 세대수도 줄어들고 있습니다. 그에 비해 세대당 인구는 서울 내에서 6번째로 높습니다. 이는 가족 단위 거주가 많다는 반증입니다. 고로 소형 평수보다 중대형 평수를 선호할 확률이 높습니다.

호갱노노 '인구' 메뉴를 활용해 강동구 인구 이동을 살펴봅니다. 광진구, 송파구에서 들어오는 인구가 많고 대부분 하남시, 남양주시로 빠져나가고 있음을 알 수 있습니다. 이게 가격과도 연관이 있어 보이지 않나요? 하남과 남양주로의 이동이 많다는 것은 새 아파트를 찾는 수요가 많다는 뜻입니다.

해당 지역에 사는 주민들의 급여 수준을 확인해보겠습니다. 근무지 기준 평균 급여가 주소지 기준 평균 급여보다 낮은 걸 확인할 수 있습니다. 이는 강동구에 있는 회사 중에 연봉을 많이 주는 회사가 적다는 뜻입니다. 연봉이 높은 다른 지역으로 출퇴근하는 비율이 꽤 있

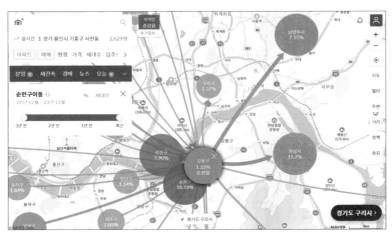

호갱노노 강동구 '인구' 메뉴 화면

다고 볼 수 있습니다. 단 전체 평균보다 낮다는 것을 염두에 둬야 합니다.

114쪽 수도권 지역별 종사자 수, 사업체 수 자료를 다시 살펴보겠습니다. 종사자 수는 15만 명 수준으로 B등급입니다. 인구수 대비 종사자 비율도 33%밖에 되지 않아서 전형적인 베드타운이라는 걸 재확인할 수 있습니다. 베드타운이라면 직장이 몰려 있는 주요 업무지역으로의 접근성이 중요합니다. 그래서 교통을 잘 봐야 합니다.

천호역이 주요 상권이긴 하지만 고덕그라시움, 고덕래미안힐스테이트 등 강동구의 대장 아파트는 주로 고덕역 근처에 있습니다. 고로 고덕역을 기준으로 주요 업무지역 간 거리를 살펴봐야 합니다. 고덕

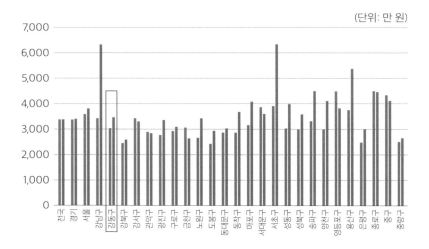

| 서울 구별 평균 급여(2021년 기준) |

(단위: 만 원)

■근무지 기준 ■주소지 기준

역에서 강남역, 을지로역까지는 40분 정도 걸립니다. 이 정도면 거리가 나쁘지 않다고 평가할 수 있습니다. 아까 전체적으로 지도를 살필 때는 좀 더 가깝게 느껴졌는데 생각보다는 먼 편입니다. 강동구는 강남3구와 접근성이 나쁘지 않지만 생각만큼 가깝지도 않습니다.

학군을 보면 명일중학교, 강일중학교, 한영중학교 정도가 좋습니다. 이 역시 고덕동 근처에 몰려 있음을 확인할 수 있습니다. 고등학교는 배재고등학교, 한영외국어고등학교가 좋습니다. 이 두 학교는 주요 학군으로 유명한 곳이죠? 학군은 고덕동을 중심으로 형성되어 있다고 보면 될 것 같습니다.

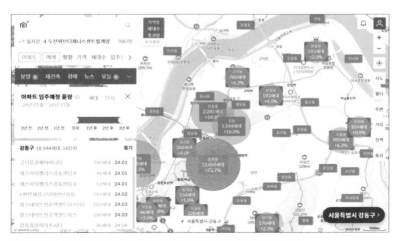

호갱노노 '공급' 메뉴에서 살펴본 강동구 일대 아파트 입주 예정 물량

　그다음으로 해당 지역의 환경과 인프라를 봅니다. 주요 상권, 병원, 대학교, 자연환경, 주요 아파트 단지, 개발계획지 등을 표시해봅니다. 고덕산, 서울 암사동 유적지, 천호역 상권, 그 유명한 둔촌주공 등을 표시해두면 됩니다. 현대백화점 천호점을 비롯해 강동경희대학교병원, 강동성심병원도 빼놓을 수 없습니다.

　마지막으로 공급까지 확인하면 입지 분석은 마무리입니다.

　이렇게 간단하게 임장보고서를 작성해보고 임장을 가면 됩니다. 임장보고서를 만들어본 경험이 없다면 많이 부담스러울 것입니다. 어떤 자료를 어디서 찾아야 할지도 모를 테니까요. 나름의 양식으로 한두 번 임장보고서를 작성하다 보면 금방 익숙해질 거예요. 임장보고

서를 작성하는 과정에서 이 집을 사야 할지, 말아야 할지 알 수 있습니다. 걱정 없이 사고 나서도 두 발 쭉 뻗고 자려면 조금 번거롭더라도 이런 작업은 꼭 필요합니다.

어떻게 다니고, 무엇을 볼까?

이제 발품을 팔 단계입니다. '임장'이라고도 하죠. 임장은 크게 2가지로 나뉩니다. 하나는 '분위기 임장'이라고 해서 그 지역을 쭉 훑어보는 것이고, 다른 하나는 '매물 임장'이라고 해서 실제로 나온 부동산 매물을 보러 가는 것입니다.

이미 아는 지역이라면 분위기 임장은 의미가 없을 수 있습니다. 그러나 해당 지역에 처음 가보는 것이라면 분위기 임장은 필수입니다. 분위기 임장은 쉽게 말해 '여기에 살면 알 수 있는 것'을 아는 과정입니다. 가령 소매점은 어디에 있는지, 대중교통을 이용하기에는 어떤지, 등굣길은 어떤지 등을 보는 것입니다. 중요한 것은 인터넷에서 사진과 동영상만 보고 임장을 했다고 넘기면 안 된다는 거예요. 무조건 가봐야 합니다. 밟아봐야 합니다. 그리고 집중해서 봐야 합니다. 그곳에 거주해야 알 수 있는 모든 것을 한두 번 가보고 알아야 하기 때문에 집중해서 살펴야 합니다(현실적으로 임장을 수십 번씩 갈 순 없으니까요).

준비물은 간단합니다. 바로 스마트폰입니다. 핸드폰만 있으면 충분합니다. '구글 포토'처럼 단지별로 사진 정리가 용이한 앱, '네이버 지도' '카카오맵'과 같은 지도 앱만 있으면 됩니다.

앞서 손품을 팔면서 많은 생각이 들었을 것입니다. 환경과 인프라를 보면서 '백화점이 있네? 근데 마트가 주변에 없어서 장 보기엔 좀 불편하겠다.'라고 생각하거나, 교통을 보면서 '주요 업무지구와는 거리가 있네. 직장인이 적게 사는 동네인가?' 등 여러 가지 생각이 들 것입니다. 맞든 틀리든 그런 상상이 아주 중요합니다. 상상한 내용을 임장보고서에 쭉 적어보세요. 이후 이것이 엄청난 자산이 됩니다. 제 임장보고서의 한쪽에는 항상 이런 낙서들이 있습니다. 이런 낙서들이 나중에 귀중한 인사이트가 됩니다.

인생에 정답은 없듯 투자에도 정답은 없습니다. 다만 확률만 있을 뿐이죠. 여러 인사이트와 정보를 취합해 확률을 높여야 합니다. 고수들이 돈을 버는 이유는 성공 확률이 높아서 그렇습니다. 그들도 돈을 적게 벌 때가 있습니다. 잃을 때도 있고요. 다만 초보 투자자보다는 성공 확률이 높을 뿐이죠. 성공 확률을 높이는 방법이 바로 인사이트를 취합하는 것입니다. '직감'이라고도 하죠? 돈 되는 직감은 이런 상상에서 비롯됩니다. 맞든 틀리든 나만의 생각을 정립하는 과정에서

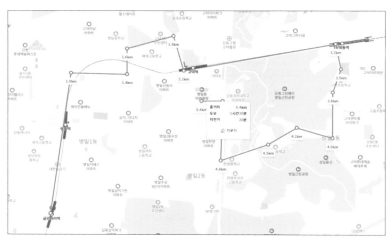

네이버 지도 '거리' 기능을 이용해서 짠 임장 루트 예시

인사이트가 생기고, 그런 시간과 경험이 쌓이면서 고수가 되는 것입니다.

카카오맵이나 네이버 지도를 보면서 지역을 상상해보고 임장 루트를 정해봅니다. 임장 루트는 네이버 지도의 '거리' 기능을 활용하면 됩니다. 실제 걸리는 시간도 알 수 있어서 좋습니다. 임장 루트를 정할 때는 주요 아파트 단지와 상권 위주로 동선을 짜야 합니다. 더 오래, 더 많이 보면 좋겠지만 시간은 한정되어 있으니 최대한 짧은 시간에 효율적으로 봐야 합니다. 관건은 역시 아파트 단지와 상권입니다. 참고로 분위기 임장의 경우 되도록 대중교통을 이용하는 것이 좋습니다. 현지인처럼 다닐 수 있어서 그렇습니다.

처음 현장에 도착하면 두근두근 마음이 뛸 것입니다. 열심히 손품을 팔아 분석했던 지역을 처음으로 실물로 보는 것이기 때문입니다. 호기심 많은 어린이처럼 열심히 돌아다니고 사진도 열심히 찍습니다. 사진을 찍으면서 주기적으로 내 현재 위치도 확인해둡니다. 하루 종일 다니다 보면 내가 어디를 어떻게 다니고 있는지 모를 때가 있거든요. 그렇게 하루 종일 걸어봅니다. 현장에서 밥도 먹고요.

임장하는 도중에 공인중개사무소가 보이면 슬쩍 들어가보세요. 이사 오려고 하는데 또는 투자하려고 하는데 살기엔 어떤지, 학교는 어디에 있는지, 어느 아파트가 좋은지, 마트는 어디로 가는지 등을 묻는 것입니다. 임장보고서를 작성하면서 알았던 것을 확인해보는 것도 좋습니다. 가장 중요한 건 지역에서 활동하는 공인중개사의 성향을 파악해보는 것입니다. 매물 임장을 하면서 모든 공인중개사무소에 가볼 수는 없습니다. 사무실이 생각보다 많거든요. 한 아파트 단지만 보면 몇 개 안 될 수 있지만 한 지역으로 넓히면 정말 많잖아요. 그래서 미리 슬쩍슬쩍 공인중개사의 성향을 파악해둘 필요가 있습니다.

당연히 나중에 내가 매수하려는 단지가 생기면 그 일대 공인중개사무소는 모두 가봐야 합니다. 해당 아파트 단지 주변에 있는 공인중개사만 중개를 하는 게 아니라 인근 사무실도 물건을 갖고 있기 때문입니다. 그때는 최대한 많은 공인중개사와 만날 필요가 있습니다. 중요한 건 내 편이 되어주는 사장님이 한두 명쯤 있어야 여러모로 도움을 받을 수 있다는 거예요. 큰돈이 오가는 거래인 만큼 공인중개사를 꼭 내 편으로 만들어야 합니다.

초보일 때는 하루를 더 할애해서 아파트 단지만 따로 임장하길 권합니다. 아파트 단지를 돌아다니면서 동 간 거리는 어떤지, 부대시설은 어떤지, 지하주차장은 있는지, 국산차가 많은지 외제차가 많은지, 청결도는 어떤지, 경사도는 어떤지, 채광은 어떤지 등을 확인합니다. 한 번도 아파트 투자를 해본 경험이 없다면 이 과정에서 배우는 게 많을 거예요. 지속적으로 임장을 다니다 보면 나중엔 겉만 훑어봐도 알 수 있는 내용이지만, 초보일 때는 이런 작은 부분도 몸소 느껴야 합니다. 어느 정도 경험이 쌓이면 분위기 임장을 할 때 매물 임장도 같이 할 수 있습니다.

07

손품, 발품은
기본이다 ②

빠르고 효율적인
전화 임장

분위기 임장을 하고 난 후에는 이제 매물 임장에 나설 차례입니다. 부동산 매물을 직접 보기 위해 무엇부터 해야 할까요? 매물을 보려면 당연히 공인중개사무소에 전화를 하는 것이 먼저겠죠? 전화를 돌려 정보를 얻고 약속을 잡는 과정을 '전화 임장'이라 합니다.

전화 임장의 목표는 크게 3가지입니다. 첫째, 해당 지역의 분위기를 살핍니다. 공인중개사와 유선으로 대화를 나눠 지역의 부동산 분위기를 파악합니다. 둘째, 해당 물건의 정확한 시세를 확인합니다. 손품을 파는 과정에서 확인한 가격 정보가 맞는지 전화로 확인합니다. 셋째, 매물 임장을 위한 약속을 잡습니다. 공인중개사와 일정을 조율해 물건을 직접 볼 수 있는 약속을 잡습니다.

우선 알아둬야 할 것은 공인중개사는 부동산 일을 하며 수많은 사람과 만났다는 점입니다. 우스갯소리로 공인중개사 10년이면 손님이 문을 열고 들어오는 모습만 봐도 이 사람이 어떤 의도를 갖고 있는지 눈치 챌 정도라고 하더군요. 걷는 모습만 봐도 전월세를 보러 왔는지, 아파트를 사러 왔는지 알 수 있다고 합니다. 그만큼 사람 보는 눈이 예리하다는 뜻입니다. 그렇다고 미리 겁먹을 필요는 없습니다. 공인중개사의 목적과 의도만 알면 됩니다.

공인중개사에게 있어 가장 중요한 건 무엇일까요? 집값이 오르는 것, 아니면 떨어지는 것? 사실 아무것도 중요하지 않습니다. 그들에게 가장 중요한 것은 부동산 '거래'입니다. 거래가 이뤄져야 수수료로 돈을 버니까요. 고로 그들이 하는 대화의 면면은 '어떻게 하면 거래를 잘 성사시킬 수 있을까?'에 초점이 맞춰져 있습니다. 예를 들면 매도자에게는 가격을 시세보다 싸게 말하는 경향이 있습니다. 싸게 나왔다는 생각이 들어야 거래할 수 있는 확률이 높아지니까요. 이러한 공인중개사의 특성을 인지하고 대응할 필요가 있습니다.

저는 전화 임장을 할 때 매도자 입장, 매수자 입장, 전세입자 입장

156

이 되어 전화를 돌립니다. 공인중개사는 각각의 사람에게 매매가를 다르게 말하는 경우가 많습니다. 특히 급매가 그렇습니다. 지금부터 예를 들어 설명할 테니 공인중개사와 대화할 때 활용해보기 바랍니다. 이건 여러분에게만 말씀드리는 것입니다. 다른 곳에는 절대 공유하지 마세요.

1. 매도자 입장으로 전화하기

매도자 입장에서 공인중개사에게 전화를 건다고 가정해봅시다. 아마 다음과 같이 대화가 이어질 것입니다.

"안녕하세요. ○○아파트 △△동 중층인데요(같은 아파트라도 동, 층에 따라 가격이 달라지니 이 정도 정보는 줘야 합니다). 팔고 싶은데 얼마에 나갈 수 있을까요?"

"거기요? 대략 ○○원 정도 받을 수 있어요. 그런데 요즘 매수하려는 사람이 적어요(항상 이렇게 말합니다. 그래야 가격을 낮게 말하기 좋거든요. 혹시 이 말이 없다면 매수 수요가 보통 이상은 된다는 의미입니다)."

"그렇군요. 집에서는 전세를 놓자고 하는데, 그럼 전세는 어느 정도 받을 수 있어요?"

"전세 시세는 ○○원 정도입니다."

"수리가 좀 되면요?"

"수리가 좀 되어 있으면 ○○원까지 받을 수 있어요."

"전세는 잘 나가나요?"

"여긴 원래 전세가 잘 나가요. 매물도 거의 없어요(이런 답이 나온다면 투자하기 좋은 지역입니다. 거주 수요가 높은 단지라는 뜻이죠. 반대로 잘 안 나간다고 한다면 이유를 확인해야 합니다. 시기적으로 안 나간다는 뜻인지, 매물이 너무 많아서 그런 건지, 근처에 공급이 많아서 그런 건지 꼭 확인합니다)."

"혹시 지금 나온 전세는 얼마나 있나요?"

"아우, 많네요(전세 매물이 많다면 좀 조심해야겠죠? 또 전화 임장 시 공인중개사의 능력도 판단할 수 있어요. 일 잘하는 분은 대개 나온 매물을 모두 꿰고 있습니다. 일을 잘한다는 건 초보자에게는 장점인 동시에 단점이기도 합니다. 그만큼 능구렁이처럼 거래를 성사시킬 확률이 높거든요)."

"아, 감사합니다. 좀 더 상의하고 연락드릴게요."

"네, 사장님. 몇 호세요?"

"좀 더 상의해보고 연락드릴게요(이때 절대 아무 호수나 말하면 안 됩니다. 단지에 따라 몇 호에 누가 사는지까지 아는 공인중개사가 꽤 많습니다)."

여기서 중요한 것은 다음의 3가지입니다. 첫째, 공인중개사의 성향을 파악합니다. 둘째, 매매가를 확인합니다. 매도자 입장에서 가격을 확인하면 최저가를 알 수 있습니다. 셋째, 전세가와 물량을 확인합니다.

2. 매수자 입장으로 전화하기

매수자 입장에서 전화할 때 확인해야 하는 3가지 부분은 이렇습니다. 첫째, 공인중개사의 성향을 파악합니다. 둘째, 네이버페이 부동산에 올라온 최저가 가격이 맞는지 확인합니다. 셋째, 전세가와 물량을 확인합니다.

"사장님, 안녕하세요. ○○아파트 △△평대는 얼마인가요?"

"대략 ○○원이에요."

"네이버페이 부동산을 보니 ○○원도 있던데요?"

"그게 급매로 내놓은 건데, 이미 나갔어요(미끼 물건이거나 정말 급매로 나온 물건일 확률이 높습니다. 만일 '아, 그런 게 있었나요? 잠시만요.' 하고 답한다면 일을 못하는 공인중개사일 확률이 높습니다. 또는 물건지 공인중개사무소가 아닐 수 있으니 주의해야 합니다)."

"아, 좀 비싸구나. 아까 말씀한 물건이 가장 싼 건가요?"

"1층이나 꼭대기층도 있는데, 그건 좀 별로라서."

"혹시 얼마나 되는지 알 수 있을까요?"

"1층은 ○○원, 꼭대기층은 ○○원이에요."

"그렇구나. 전세는요?"

"전세는 ○○원입니다."

"거의 차이가 안 나네요? 왜 그런 건가요?"

"요즘 분위기가 안 좋잖아요(이런 답이 나오면 시장 흐름을 볼 필요가 있습니다. 만일 공급이 많아서 그렇다고 하면 주변에 들어온 새 아파트의 동향도 살펴야 합니다. 새 아파트는 전세가에 직격탄입니다. 매매가는 오히려 올라가지만 전세가는 떨어뜨립니다. 한꺼번에 전세 공급이 많아져서 그렇습니다)."

"전세는 많나요?"

끝으로 전세 물량에 대해 묻고 전화를 끊습니다.

3. 전세입자 입장으로 전화하기

전세입자 입장에서 전화할 때 확인해야 하는 3가지 부분은 이렇습니다. 첫째, 공인중개사의 성향을 파악합니다. 둘째, 전세가와 전세 물량을 확인합니다. 셋째, 매수 시 가격도 확인합니다.

"안녕하세요. ○○아파트 △△평대 전세는 얼마인가요?"

"수리된 거랑 안 된 게 가격 차이가 좀 있어서요. 수리된 건 ○○원이고, 아닌 건 ○○원까지 있어요."

"제가 집을 알아보고 있어서요. 가면 여러 개 볼 수 있을까요?"

"물건이 거의 없어서요(만일 비수기가 아닌데 물건이 별로 없다고 하면 투자해서 전세로 빼기에 좋은 상황입니다. 물론 이유는 확인해볼 필요가 있습니다. 만일 언제든지 오라고 물건이 많다고 하면 투자자 입장에서는 좋지 못한 상황이니 주의해야 합니다)."

"사장님, 그런데 부모님이 자꾸 집을 사라고 해서요. 매수하면 얼마인 가요?"

"○○원이에요. 이게 정말 잘 안 나오는 매물이에요. 상태도 좋고요."

"너무 비싸네요. 저희가 돈이 별로 없어서요. 혹시 가장 싼 건 얼마인 가요?"

"있긴 한데 그건 동향에다가 층이 낮아서요."

"몇 층인가요?"

"5층이고 ○○원이에요."

이렇게 다각도로 가격과 물량을 확인해봐야 합니다. 공인중개사는 상대의 입장에 따라 다르게 대응하기 마련입니다. 공인중개사의 가장 큰 목적은 '거래'니까요.

참고로 공인중개사와 이야기할 때는 너무 잘 알고 있다는 듯이 전화하면 안 됩니다. 절대로요. 그러면 정보와 도움을 주려다가도 안 줍니다. '네가 그렇게 잘 알면 알아서 해보지?'라는 느낌으로 대화가 이어지게 되거든요. 항상 존중하는 마음으로, 더 중요한 것은 배우려는 마음으로 대화를 나눠야 합니다. 잘 모르니 가르쳐달라는 식으로 대화해야 합니다. 사실 우리가 잘 알아봐야 지역에서 활동하는 공인중개사만큼 잘 알겠습니까? 아는 것도 다시 물어보면서 계속 확인해야 합니다. 그리고 너무 한 번에 모든 것을 알려고 하면 안 됩니다. 우선은 공인중개사의 성향을 파악하고 가격을 정확하게 아는 것만으로도 충분합니다.

그럼 이제 매물 임장을 위한 약속을 잡아야겠죠? 약속을 잡을 때는 매수자 입장으로 가야 합니다. 굳이 투자자인지, 실거주자인지 밝히지 않아도 됩니다. 단 집요하게 물어보는 경우 그때는 상황에 맞춰서 말하면 됩니다. 이때는 솔직하게 실거주면 실거주다, 투자자면 투자자다 밝히는 게 좋습니다. 그래야 질문하기가 더 좋아요. 공인중개사는 사람 보는 눈이 좋아서 거짓말로 운을 뗄 때면 스텝이 자꾸 엉키게 되어 있습니다.

전화 임장으로 매매가, 전세가 그리고 물량에 대한 확인이 어느 정도 끝났으니 이 부분에 대해 다시 한번 확인한 다음 약속을 잡으면 됩니다.

"안녕하세요, 사장님! ○○아파트 △△평대 매매로 얼마인가요?"

"수리된 건 ○○원이고, 아닌 건 ○○원까지 있어요."

"네이버페이 부동산에 있는 ○○원짜리 물건도 있는 건가요?"

"네, 있어요. 그런데 층이 좀 낮아요. 4층이에요."

"그렇군요. 제가 이번 주 주말에 가려고 하는데, 말씀하신 물건 좀 볼 수 있을까요? 시간 내기가 어려워서 간 김에 한꺼번에 많이 봤으면 합니다. 이번에 꼭 사고 싶어서요."

"그렇군요. 그럼 제가 몇 개 잡아볼게요. 혹시 4층 물건도 보고 가실 건가요?"

"네, 4층 정도면 괜찮죠. 저렴한 것 위주로 보여주세요. 사장님이 보시기에 좋은 물건이 있으면 꼭 보여주세요."

"네, 주말에 뵙겠습니다."

매수할 생각이 있다고 강하게 어필해야 합니다. 공인중개사가 가장 중요하게 보는 부분인데요. 매수할 생각이 있고 관심이 많아 보이면 좋은 물건을 보여줄 확률이 높아집니다. 또 저렴한 물건 위주로 약속을 잡되, 공인중개사가 추천하는 물건도 함께 보기 바랍니다.

물건 직접
확인하기

이제 공인중개사무소를 방문해서 매물을 볼 차례입니다. 한 지역의 모든 물건을 확인할 수는 없습니다. 따라서 어떤 단지의 물건을 볼지 미리 결정해야 합니다. 여러 공인중개사무소를 다녀보면 알 수 있는 것 중 하나는 물건이 많은 곳이 따로 있고, 손님이 많은 곳이 따로 있다는 것입니다. 물건이 많은 공인중개사무소는 대개 그 지역에서 오래 영업을 했고 외부인이 많이 다니지 않는 단지 안에 위치한 경우가 많습니다. 반대로 손님이 많이 오는 공인중개사무소는 외부인이 많이 다니는 상권 근처나 지하철과 같은 대중교통과 인접한 곳이 많습니다.

물건지 공인중개사무소와 거래하면 좋은 건 집주인의 사정을 잘 알아서 가격을 깎을 수 있는 여지가 많다는 점입니다. 반대로 매수자인 나의 편이라기보다는 집주인의 편에서 일할 확률이 높다는 단점도 있습니다. 공인중개사도 사람인지라 교감이 많은 집주인에게 좀 더 마음이 쓰이겠죠. 반대로 손님이 많은 공인중개사무소는 비교적 매수자인 내 편을 들어줄 확률이 높지만, 반대로 집주인의 사정과 상황을 잘 몰라서 가격을 깎기 위한 정보가 부족할 수 있습니다.

본인이 협상 능력이 좋고 경험이 많다면 물건지 공인중개사무소와 거래하는 것도 좋지만, 아니라면 손님이 많은 공인중개사무소와 거래를 트는 것도 나쁘지 않습니다. 공인중개사마다 성향이 다르다 보니 어떤 것이 정답이라 말하기는 어렵지만 대체로 그렇다고 이해하면 됩니다. 가장 좋은 건 2가지 유형의 공인중개사무소를 모두 방문해보는 것입니다.

한 번 임대를 한 후에는 다시 가볼 일이 그렇게 많지 않습니다. 거리가 멀면 더더욱 그렇고요. 그래서 현지에서 활동하는 공인중개사가 나의 편이 되어야 합니다. 그러기 위해서는 나와 성향이 맞는 공인중개사를 빨리 찾아야 합니다. 얼굴 한 번 보고 이야기 조금 나눈다고 금방 알 수 있는 건 아니지만 적어도 나와 결이 다른지 정도는 알 수 있습니다. 유선으로 모든 것이 가능한 세상이지만 반드시 여러 공인중개사와 만나볼 필요가 있습니다.

분위기 임장을 할 때도 슬쩍 공인중개사무소에 들어가서 임장보고서를 작성할 때 확인한 내용을 묻고 검증하면 좋습니다. 공인중개사무소를 방문하는 두려움도 없애고, 공인중개사와 대화를 나누는 경험도 늘리고, 좋은 매물이 있는지도 슬쩍 확인해볼 수 있으니 여러모로 좋습니다.

실거주로 집을 매수할 때도 공인중개사가 내 편이 되면 얻는 것이 정말 많습니다. 가격을 깎을 수 있는 여지를 만들 수 있거든요. 실제로 필자는 공인중개사와 긴밀한 관계를 유지해 가격을 2천만 원 깎은 적이 있습니다. 당시 물건지 공인중개사무소와 거래하고 있었는데, 집주인 부부가 이혼을 하려는 상황이었습니다. 빨리 매도를 하고 싶어 했죠. 당연히 다른 공인중개사는 상황을 잘 몰랐고, 경쟁자가 여럿 있던 상황이라 제 입장에서도 빨리 매수할수록 이득이겠다는 판단이 들었습니다.

한 달 내에 잔금을 치른다는 조건으로 3천만 원을 깎아달라고 공인중개사에게 요청했습니다. 공인중개사는 저와 관계가 긴밀했지만 그건 너무 과하다고 했습니다. 집주인이 금방 나가고 싶어 하니 말이라도 해달라고 간곡히 부탁했죠. 만일 관계가 좋지 않았다면 공인중개사도 선을 긋고 끊었을지 모릅니다. 혹시나 무리하게 가격을 깎다가 거래가 어그러지면 공인중개사도 손해니까요. 다행히 저를 좋게 봐준 덕분에 결과는 좋았습니다. 3천만 원은 아니지만 2천만 원을 깎을 수 있었죠. 이렇듯 목적이 실거주든 투자든 나와 맞는 공인중개사와 만나는 건 아주 중요한 일입니다.

여러 공인중개사무소를 방문할 때는 2시간 간격으로 약속을 잡는 것이 좋습니다. 그 지역 내에서 이동한다 해도 기본적인 이동거리가 있고, 종종 생각한 것보다 더 많은 매물을 보여주기도 하니까요. 상황에 따라서는 1시간 30분 간격으로 잡기도 합니다. 많은 물건을 볼수록 좋은 물건과 만날 확률이 높아집니다.

직장인이라면 주말밖에 시간이 없으니 좀 빡빡하더라도 최대한 많은 매물을 봐야 합니다. 급하고 정말 중요한 물건이 있다면 평일 저녁에 퇴근하고 가서라도 봐야 합니다. 보통 토요일 아침 10시부터 시작해서 저녁 7~8시에 끝나는 경우가 다반사입니다. 점심은 못 먹거나 간단히 삼각김밥으로 때우기도 합니다. 하루를 꼬박 투자하면 적게는 25개에서 많게는 35개의 매물을 볼 수 있습니다. 그렇게 이틀을 보내면 한 지역에서 최소 50개 매물을 볼 수 있겠죠.

다음은 공인중개사에게 던질 만한 질문들입니다. 모든 것을 알 수는 없겠지만 한두 가지라도 묻고 대화의 물꼬를 튼다면 여러 정보를 얻을 수 있습니다.

1. 여기 사는 분들은 주로 어디로 출근하나요?

2. 산업단지나 사무실 많은 곳이 있나요?

3. 지하철을 많이 이용하나요? 버스는 어떤가요?

4. 광역버스나 마을버스는 어떤가요? 배차 간격은요?

5. 사람들이 주로 출근하는 곳까지 얼마나 걸리나요?

6. 어린이집은 어디에 있나요?

7. 유명한 초등학교가 있나요? 선호도가 높나요?

8. 길 안 건너고 갈 수 있는 초등학교가 있나요?

9. 학원은 주로 어디로 다니나요?

10. 선호하는 중학교, 고등학교가 있나요?

11. 주민들이 장을 보는 곳은 어딘가요?

12. 백화점도 있나요?

13. 외식은 어디서 많이 하나요?

14. 은행이나 병원은 어디로 가나요?

15. 사람들이 이 단지를 좋아하나요? 왜요?

16. 요즘 20평대는 얼마나 하나요? 전세는요?

17. 실수요자가 많나요, 투자자가 많나요?

18. 전월세 많이 나가나요?

19. 임대 잘 나가는 시기가 있어요?

20. 이 동네에서 선호하는 단지 순서가 있나요?

임장보고서를 작성했다면 물어볼 것은 이 밖에도 많을 것입니다. 스마트폰에 미리 적어두고 슬쩍슬쩍 보면서 질문해도 됩니다. 중요한 건 내가 조사한 것이 100% 맞을 것이라는 확신은 버려야 한다는 것이에요. 인터넷에 있는 정보가 모두 맞다고 확신하면 안 됩니다. 여러 사람과 교차로 검증할 필요가 있습니다. 아는 척하는 건 더더욱 안 됩니다. 그러면 배움의 기회를 완전히 잃습니다. 배우려는 자세로 물어보길 바랍니다.

사람은 자신이 잘 아는 분야에 대해 이야기하는 걸 좋아합니다. 소극적인 사람도 그 사람의 관심사나 흥미를 물어보면 이야기가 쉴 새 없이 나오기 마련입니다. 공인중개사는 지역 전문가인 만큼 그들의 전문성을 충분히 활용하길 바랍니다. 겸손한 자세로 묻는다면 호감도는 저절로 올라갈 것입니다.

매물을 확인하러 가기 전에 우선 집의 상황부터 파악합니다. 집주인의 매도 사유와 지금 거주하고 있는 사람이 집주인인지 임차인인지 확인합니다. 임차인이라면 전세인지 월세인지, 이사를 나가려고 하는 이유는 무엇인지 확인합니다. 가끔 공인중개사가 잘못 알고 있는 경우도 있지만 우선은 그렇게 알고 들어갑니다.

집에 도착해서는 거주자에게 공손하게 인사하고 집을 둘러봅니다. 이때 잘 생각해봐야 합니다. 우리 집에 누군가 들어온다고 생각해보세요. 환영할 만하고 즐거운 상황은 아닐 것입니다. 그러니 조심스럽게 집을 볼 필요가 있습니다. 문을 열 때도 항상 양해를 구하고 조심스럽게 움직이길 바랍니다. 그러면 상대편도 존중하는 자세로 우리를 대할 것입니다. 조심스럽게 거주자의 성향을 파악해야 합니다. 세입자가 빠르게 나가고 싶어 하는 경우라면 그래도 괜찮지만 임차인이 어쩔 수 없이 나가는 상황이라면 예민할 수 있습니다. 그런 이유가 아니더라도 집을 보여주기 부담스러울 수 있으니 주의가 필요합니다.

집에 들어가서는 시계방향이든 반시계방향이든 한쪽 방향으로 돌아보길 바랍니다. 수리 상태(주방, 화장실, 현관 등)는 어떤지, 새시 상태는 어떤지, 누수나 결로는 없는지 꼼꼼히 봐야 합니다. 확인한 건 간단히 핸드폰에 적어둡니다. 사람의 기억력은 한계가 많습니다. 봐야 할 물건이 많으니 꼭 적어두기 바랍니다. 누수나 결로의 흔적이 보이면 바로 물어봐야 합니다. 이렇게 이야기를 나누고 확인해야 추후 생길 불상사를 막을 수 있습니다.

확인하고 나온 후에는 거주자에게 이사 날짜를 직접 확인해보세요. 정보가 잘못 전달된 경우도 있어서 확실하게 확인하는 동시에 해당 질문을 시작으로 가능하다면 왜 이사를 가는지 확인해야 합니다.

공인중개사무소로 돌아온 다음에는 그날 본 순서대로 공인중개사에게 매물의 정보(동, 호수, 거주자가 집주인인지 임차인인지, 잔금일, 수리 상태, 매매가, 전세가 등)를 적어달라고 합니다. 그 종이에 적힌 정보와 내가 적어둔 정보를 취합해서 공인중개사와 함께 물건에 대해 종합적으로 평가합니다. 각 매물의 특징을 메모해두면 더 좋습니다. 마지막으로 가장 좋은 물건을 추립니다. 이때 공인중개사와 함께 상의합니다. 공인중개사로부터 "여기가 가장 빨리 나가겠네요." "저기는 좀 걸리겠네요." "이 물건이 이 중에는 가장 좋겠네요." 등 여러 피드백을 받습니다. 공인중개사의 의견과 별개로 마음속으로 자신이 생각한 1등 물건도 정합니다. 그게 앞으로의 기준이 될 것입니다.

처음에는 좀 어렵겠지만 임장을 반복하다 보면 직감적으로 1등 물건이 무엇인지 알 수 있습니다. 1등 물건을 뽑아두지 않고 그냥 이것도 좋고 저것도 좋다 생각하고 넘어가면 나중에 고생할 수 있어요. 어렵더라도 물건에 순위를 매기는 습관을 들이길 바랍니다. 그렇게 모든 물건을 본 다음에는 공인중개사무소 간 1등 물건을 비교하면서 전체 목록을 정리합니다. 정리하면서 또 새롭게 보이는 것이 있습니다. 정리는 피곤하더라도 꼭 당일에 모두 해야 합니다. 힘들게 주말 하루를 꼬박 보내고 얻은 결과물입니다. 그런 노력의 결과가 아까워서라도 꼭 그날 모든 내용을 정리하길 바랍니다.

08
매수를 결정할 때
꼭 확인해야 할 5가지

    물건에 대한 파악이 끝났다면 이제 매수 여부를 결정해야 합니다. 시황과 적절한 타이밍도 확인했고, 입지와 가격도 확인했고, 실제 임장까지 다녀왔으니 결정만 남은 상황입니다. 매수 결정을 위해 지금까지 타이밍, 입지, 가격을 분석한 것입니다. 가장 중요한 것은 내가 임장한 다른 지역의 물건과 해당 물건을 직간접적으로 비교해보는 것입니다. 많은 지역을 알면 알수록 더 정확하고 좋은 비교가 가능합니다. 정보가 얼마나 많은지가 실력의 차이라고 생각합니다. 타이밍, 입지, 가격만 알면 충분하지만 최종 결정을 내리기에 앞서 소소하게 확인해야 하는 것들이 있습니다.

매수를 결정하는
5가지 포인트

1. 투자금 적정성

갭투자를 염두에 두고 있다면 '매매가-전세가'에 대한 기준을 세워야 합니다. 갭투자를 위해 얼마까지 쓸 수 있는지 나름의 기준이 필요합니다. 시황과 물건에 따라 다르지만 저는 지방의 경우 2천만 원에서 많게는 3천만 원, 수도권은 5천만 원에서 많게는 1억 원 이내로 잡습니다. 투자금 기준이 중요한 이유는 이 부분이 수익성을 결정하기 때문입니다. 아무리 매매가가 오른다고 해도 내가 투자한 금액이 크다면 수익성이 떨어지겠죠? 반대로 매매가가 그렇게 많이 오르지 않아도 투자금 규모가 작다면 수익성은 높을 것입니다. 참고로 리스크를 관리한다는 측면에서 보면 지역별로 분산 투자하는 것이 안전합니다.

2. 전세가율

전세가는 매매가의 지지선으로 작용합니다. 매매가는 전세가 이하로 내려갈 수 없습니다. 전세가가 매매가보다 높다면 매매로 전환할 확률이 높으니까요. 고로 전세가율이 아주 중요합니다. 갭투자를 고려한다면 전세가율은 최소 80% 이상이어야 하며, 입지가 조금 떨어지면 90% 이상만 봐야 합니다. 수도권의 경우 입지에 따라 다르지만 최소 70% 이상은 되어야 합니다. 실거주라면 크게 신경 쓰지 않아도 되지만 재개발·재건축 투자가 아니라면 수도권이라도 전세가율은 되도록 70% 이상이 좋습니다. 예외는 있을 수 있지만 전세가는 매매가의 지지선이므로, 전세가가 너무 낮다는 것은 그만큼 리스크가 있다는 의미이기도 합니다.

3. 잔금 준비

실거주라면 잔금이 당연히 준비되어 있겠지만 갭투자라면 타이밍을 잘 맞춰야 합니다. 전세입자를 들인 다음 잔금을 치르는 경우가 많기 때문입니다. 갭투자일지라도 리스크에 대비해서 되도록 잔금을 준비해두는 것이 좋습니다. 잔금일 전에 전세가 나가는 게 최선이지만 가끔 그렇지 못한 경우도 있으니까요. 되도록이면 수요 대비 전세 물량이 적은 곳에 투자하는 것이 좋지만 타이밍, 입지, 가격 모두 좋은데 전세 물량이 많을 수도 있습니다. 그럴 때를 대비해서 여윳돈을 준비하기 바랍니다.

4. 전세 물량

실거주의 경우 확인할 필요가 없지만 갭투자라면 꼭 확인해야 하는 것이 전세 물량입니다. 전세 물량이 많다면 임대를 빼는 데 애를

먹을 수 있어요. 그래서 전세 물량이 많다면 피하는 게 좋습니다. 그럼에도 타이밍, 입지, 가격 모든 면에서 좋다면 임대가 잘 나갈 수 있게 조치를 취해야 합니다. 크게 2가지 방법이 있는데 하나는 전세가를 낮추는 것이고, 다른 하나는 수리를 잘해놓는 것입니다. 전세가가 낮으면 우선적으로 나갈 수밖에 없습니다. 집 상태에 하자가 없는데 저렴하다면 당연히 먼저 빠지겠죠. 수리는 큰돈을 들여 고급스럽게 해놓으면 문제가 없겠지만 꼭 그럴 필요는 없습니다. 여건이 안 된다면 적당한 가격으로 차별화된 포인트를 주면 됩니다. 가령 전등 하나를 바꾸더라도 정말 예쁜 것으로 달면 잘 나갈 수 있습니다.

5. 적정 세대수, 4층 이상의 매물

마지막으로 적정 세대수를 충족하는지 확인해야 합니다. 저는 서울은 100세대 이상, 수도권은 200세대 이상, 나머지 지방은 300세대 이상의 단지만 투자 대상으로 둡니다. 세대수가 많을수록 자체적인 커뮤니티가 형성되고 관리도 잘됩니다. 또 매도할 때도 빠르게 팔 수 있습니다. 서울의 경우 입지는 정말 좋은데 나홀로 아파트이거나 동이 1~2개라면, 다른 장점이 충분할 때만 매수를 검토합니다.

추가로 되도록 4층 이상의 매물을 선택하는 것이 좋습니다. 가끔 1층이 싸다고 사는 경우가 있는데요. 특별한 이유가 없다면 4층 이상을 권합니다. 저렴하지만 그만큼 매도하기가 어려운 것이 저층입니다. 어차피 싸게 샀으니 팔 때도 싸게 팔아야 합니다. 만약 저층을 매수하고 싶다면 이후에 싸게 팔 각오는 하고 들어가야 합니다. 중층보다 무조건 싸게 매수해야 합니다. 꼭대기층도 단점이 많지만 저층보다 나은 것이 현실입니다.

번듯한 사무실이 있다고 해서 무조건 믿는 것은 금물입니다. 사기꾼이 간혹 있거든요. 중개보조원이고 자격증도 없는데 공인중개사처럼 행세하며 사기를 치거나 돈을 횡령하는 경우도 있습니다. 임차인과 전세 계약을 체결해 전세금을 받은 다음 임대인한테는 월세 계약이라고 거짓말을 해서 중간에 가로채기도 합니다.

그러므로 해당 공인중개사가 자격증이 확실한지 조회할 필요가 있습니다. 공인중개사무소에 방문해 공인중개사 자격증과 사무소 등록증을 직접 확인하거나, 국토교통부 브이월드(www.vworld.kr)에서 인증된 사업소인지 확인하면 됩니다. '부동산 서비스' 메뉴 '부동산중개업조회'에서 관련 정보를 기입해 확인 가능합니다.

공인중개사마다 영업 스타일이 다르지만 그것과 별개로 관건은 관심 매물과 다른 다양한 매물에 대해 잘 비교해서 설명해줄 수 있는

국토교통부 브이월드 '부동산 서비스' 메뉴 '부동산중개업조회' 화면

유능한 사람을 찾는 것입니다. 함께 현장을 방문해 꼼꼼하게 물건을 소개해주고 수리 상태, 세입자 성향, 매도하는 이유, 거래 당사자의 상황이나 이력 등을 상세하게 설명해주는 공인중개사가 신뢰성 있는 공인중개사라고 할 수 있습니다.

4장

시작은 내 집
마련부터

01
주택 투자에 필요한
대출부터 확인하자

　대출 없이 자기 자본만으로 큰돈이 드는 부동산에 투자하기란 불가능에 가깝습니다. 그래서 가용 가능한 대출을 확인해야 하는데요. 대출을 받기 전에 필요한 과정은 자신의 신용등급을 점검하는 것입니다. 신용등급은 개인의 신용 정보를 고려해 신용도를 수치로 나타낸 등급입니다. 신용점수는 최고 1천 점이며 이 값에 따라 1등급부터 10등급까지 매겨집니다. 보통 1~3등급(832~1천 점)을 우량신용자, 4~6등급(630~831점)을 보통신용자, 7~10등급(0~629점)을 저신용자로 분류합니다. 신용점수는 예금, 대출, 카드 사용 등 금융 거래내역과 세금 체납 여부, 재산 등을 종합적으로 고려해 매깁니다. 제1금융권에서 대출을 받으려면 6등급 이내의 신용등급을 유지하는 것이 유리합니다.

참고로 이러한 등급제는 2021년 1월 폐지되어 현재는 점수제만 쓰이고 있습니다. 다소 포괄적인 등급제보다 점수제가 개인의 신용도를 측정하기 용이하고, 실제 신용에 별 차이가 없는데도 등급 구분 탓에 대출이 거절되는 이른바 '문턱 효과'를 없애자는 취지에서 폐지되었습니다. 그러니 신용등급에 대한 부분은 참고만 하기 바랍니다.

신용점수만 관리를 잘해도 대출 이자를 줄일 수 있습니다. 금리에 가장 큰 영향을 주는 것이 신용점수이기 때문입니다. 신용점수를 올리기 위해서는 빤하지만 휴대폰 요금을 비롯한 공공요금을 연체하지 않고, 제3금융권과 현금 서비스 등을 이용하지 않아야 합니다. 비금융정보를 등록하는 방법도 있는데요. 비금융정보란 개인이 직접 신용조회사에 자신의 비금융정보를 제공하면 신용조회사가 해당 정보를 기반으로 신용 평가에 가점을 주는 제도입니다. 통신요금, 공공요금, 국민연금, 건강보험료, 아파트 관리비, 국세청 소득증명 등을 제출하면 신용점수에 가점을 받을 수 있습니다. 비금융정보는 신용조회사인 올크레딧(www.allcredit.co.kr), 나이스지키미(www.credit.co.kr)에서 기입 가능합니다.

평소 신용카드도 적절하게 쓰고, 금융 거래를 통해 거래 이력을 쌓았다면 신용점수 관리에 도움이 됩니다. 또 급여 이체, 각종 요금

자동 이체, 인터넷뱅킹과 체크카드 등을 사용하는 주거래은행을 통해 대출을 받으면 우대금리를 적용받을 수 있으니 참고하기 바랍니다.

금융감독원, 뱅크아이로
대출 금리 비교하기

대출을 받기 전에 금융감독원 금융상품통합비교공시(finlife.fss. or.kr)를 이용하면 쉽게 대출 금리를 비교해볼 수 있습니다. '주택담보대출' 메뉴를 클릭하면 주택 가격, 종류, 상환 방식, 금융권역, 지역을 선택하는 화면이 나옵니다. 정보를 기입하면 관련 대출상품을 확인할 수 있습니다. 검색 결과에 따라서 내가 원하는 상품에 해당하는 담당부서 연락처로 문의가 가능합니다. 해당 기능의 장점은 내가 사려는 집의 조건에 맞춰 상품별로 대출 금리를 비교해준다는 데 있습니다.

뱅크아이(pc.bank-i.co.kr)도 주택담보대출과 관련한 다양한 정보를 제공합니다. 뱅크아이에 접속해 '담보대출 금리비교' 메뉴를 누르면 금융감독원 금융상품통합비교공시와 마찬가지로 여러 조건을 입력하는 화면이 나옵니다. 조건을 입력한 후에 '상품 조회하기'를 누르면 대출상품과 대출 가능액, 금리 조건을 확인할 수 있습니다. 뱅

금융감독원 금융상품통합비교공시 화면(위), 뱅크아이 화면(아래)

크아이 고객센터에서 자체적으로 대출 상담을 진행하기도 하니 참고
바랍니다.

　집을 대출 없이 사는 것은 거의 불가능에 가깝습니다. 아니 그래
서도 안 됩니다. 그렇다면 대출은 얼마나 받아야 좋을까요? 최대한도
로 받자니 이자 부담이 만만치 않고, 적게 받자니 수익률이 훼손됩니

다. 이 부분은 부동산 경기에 따라 달라질 수 있습니다. 부동산 경기가 좋다면 대출을 최대한 받아서 집을 사는 것이 유리할 수 있어요. 담보가 확실하니 대출도 잘 나올 것이고, 집값이 오르는 만큼 대출 상환 부담도 줄어듭니다. 단기간에 개인 사정으로 주택을 처분한다고 해도 대출이 큰 부담으로 작용하지 않습니다. 그러나 부동산 경기가 좋지 못할 때는 대출에 신중해야 합니다. 현금이 부족할 경우 자칫 낭패를 볼 수 있기 때문입니다.

02

주택 투자에서
고려해야 할 요소들

주택은 쉽게 사고팔 수 있는 물건이 아닙니다. 구입하는 목적에 따라 위치, 종류, 크기, 대출액 등이 달라지므로 목적부터 분명히 해야 합니다. 실거주인지, 임대를 놓아 수익을 창출할 생각인지 목적이 분명해야 투자 전략을 세우기 용이합니다. 최근에는 월세를 받는 부동산과 전세를 받고 시세차익을 노리는 부동산 간 구분이 명확해지고 있어 더더욱 그렇습니다.

부동산 수익은 정기적으로 얻는 임대수익과 시세차익으로 얻는 자본수익으로 나뉩니다. 임대수익은 월세처럼 매달 일정한 금액이 들어오는 현금흐름을 뜻하며, 자본수익은 매도할 때 발생하는 수익을 뜻합니다. 투자 수익은 이 2가지를 합한 수익을 의미합니다. 과거에는 월세를 받는 아파트가 거의 없어서 구분할 필요가 없었지만 현재는 2가지 구분이 명확해졌습니다.

부동산 투자를 실제로 해봤다면 월세가 잘 들어오는 부동산은 시세차익이 별로 없고, 시세차익이 잘 나오는 부동산은 월세가 별로 좋지 못하단 걸 알 것입니다. 우량 지역의 오피스텔도 아파트만큼 시세차익이 발생하지 않는 것만 보더라도 잘 알 수 있죠. 월세로 수익의 대부분을 확보하는 오피스텔의 경우 본질적으로 시세차익을 누리기 어렵습니다. 그래서 오피스텔, 상가 등 임대료로 먹고사는 소위 '수익형 부동산'은 시세차익형 부동산에 비해 미리 사둘 필요성이 상대적으로 적습니다.

실주거 목적으로 투자할 생각이라면 답은 분명합니다. 시세차익이 높고 자본소득이 높은 아파트에 투자하는 것이 유리합니다. 또 소득이 높아지고 있고 가치관의 변화로 넓은 집을 선호하는 수요가 늘고 있어, 향후 시세차익을 염두에 두고 있다면 되도록 큰 평수에 투자하는 것을 권합니다. 물론 상황에 따라 학업, 직장 등의 문제로 앞으로 이사를 자주 가야 한다면 일반적으로 선호도가 높은 중간 평형의 아파트가 나을 수 있습니다. 이때 거래가 잘되는, 이왕이면 모두가 선호하는 브랜드 아파트를 사는 것이 좋습니다.

임대차가 목적이라면 임차인을 고려해서 물건을 골라야 합니다.

누구를 임차인으로 염두에 두는지에 따라 물건의 유형도, 예상되는 임대수익률도 달라질 것입니다. 만약 주임차인이 학생이나 젊은층이라면 작은 평수의 주택에 투자하는 것이 좋으며, 가족 대상이라면 큰 평수를 고려해야 합니다. 또 지역에 따라 선호되는 평수가 다르므로 해당 지역에서 거래가 잘되는 평수가 있다면 무엇인지 찾아볼 필요가 있습니다. 임대수익이 목적이라면 아파트보다 오피스텔, 빌라가 더 좋을 수 있습니다. 초기 투자금 대비 가성비가 좋기 때문입니다.

직접 거주하면서 편리한 생활을 영위하는 것이 내 집 마련의 목적이라면 오피스텔, 빌라보다는 아파트가 나을 것입니다. 아파트 단지는 보통 학군이 가깝고 관공서, 쇼핑몰, 의료시설, 대중교통을 이용하기 좋습니다. 또 실수요가 많다 보니 주택 경기가 호황일 때는 상승폭이 크고, 불황일 때는 하락폭이 작아 투자하기에 상대적으로 안정적인 편입니다.

아파트 투자 시
고려할 3가지

만약 아파트에 투자할 계획이라면 일단 시세보다는 싸게 사야 하고 앞으로 가격이 오를지도 분석해야 합니다. 조금 웃돈을 주더라도 대단지로 갈지, 아니면 좀 더 싼 소단지로 갈지, 같은 동 내에서도 가격이 비싼 로열층으로 갈지, 아니면 상대적으로 싼 저층이나 꼭대기층으로 갈지, 어떤 브랜드의 아파트에 투자할지 등 고민해야 할 부분이 많습니다. 그중 다음의 3가지는 반드시 따져봐야 합니다.

1. 로열층

조금 비싸더라도 로열층 아파트가 훨씬 거래가 편하고 나중에 가격이 상승할 여력도 높습니다. 대단지에, 브랜드까지 좋은 아파트라면 로열층에 프리미엄이 붙을 것입니다. 경기가 호황이어서 부동산 가격이 상승하는 시기라면 당연히 로열층이 상승폭도 훨씬 크고 수요도 집중됩니다.

2. 대단지

아파트는 단지 규모에 비례해 가격이 상승합니다. 단지 규모가 크다는 것은 커뮤니티 시설과 주변 상권이 잘 형성되어 있어 그만큼 주거 생활의 편의성과 안정성이 높다는 뜻입니다. 관리비도 분담하는 세대가 많다 보니 저렴한 편입니다. 수익과 관리비용 측면에서 대단지가 소단지에 비해 유리하기 때문에 조금 비싸더라도 대단지에 투자하는 것이 낫습니다.

3. 역세권

교통의 편의성만큼 입지에서 중요한 요소도 없을 것입니다. 서울 외곽이라면 GTX, KTX, SRT와 같은 교통망과 얼마나 잘 연결되어 있는지 살펴봐야 합니다. 철도 교통망이 연결되면 지역의 입지 가치는 한층 높아질 것입니다.

GTX는 3개의 노선이 추진되고 있습니다. A노선은 파주 운정에서 화성 동탄을 연결하는 노선이고, B노선은 인천 송도에서 마석을 연결하는 노선이며, C노선은 덕정에서 수원을 연결하는 노선입니다. 지하철 노선과 연결되기 때문에 환승을 통해 인근 지역으로의 접근성 또한 개선될 것으로 보입니다. 이러한 개발계획을 보고 오를 만한 지역을 찾는 것도 한 방법입니다.

03

청약으로
내 집 마련하기

　'청약'은 내 집을 마련하는 가장 쉬운 방법 중 하나입니다. 직접 매물을 찾아다니거나 유사한 물건을 두고 고민할 필요도 없고, 대출을 알아보거나 가격을 흥정할 필요도 없습니다. 요즘에는 간편하게 인터넷으로 신청할 수 있어 방법이 어렵지도 않습니다. 문제는 당첨 확률인데요. '로또 청약'이라는 말이 떠돌 정도로 당첨 확률이 생각보다 높지 않고 조건도 까다롭습니다. 어찌 보면 운에 맡겨야 하는 게 청약이죠.

　청약에 당첨되면 입주를 하는 시점에는 그 주변에서 가장 신축인 아파트에 입주하게 됩니다. 신축 아파트는 당연히 구축 아파트에 비해 편의시설, 주차장, 구조와 외관 등이 우세할 수밖에 없습니다. 모두가 새 아파트에 살고 싶어 하기 때문에 입지가 비슷하다면 가격 역시 구축에 비해 월등히 높습니다. 그래서 경쟁이 치열해 청약에 당첨되기 어려운 것이죠.

새로 분양하는 아파트 분양가는 시세보다 훨씬 저렴합니다. 분양가를 통제하기 때문인데요. 청약에 당첨되기만 하면 수억 원을 버는 경우도 있습니다. 또 계약금의 10%만 가지고 있으면 나머지는 대출로 충당할 수 있어 자금관리 면에서도 유리합니다. 청약이 되었다는 것은 무주택자일 확률이 높다는 뜻이고 그만큼 대출도 자유로울 것입니다.

청약 조건 및 유의사항

청약통장이 없다면 우선 청약통장부터 만들어야 합니다. 정확히는 '주택청약종합저축'이라 합니다. 청약통장 개설은 어느 은행이든 가능합니다. 민간분양은 가입기간에 따라서 가점이 증가하고, 공공분양에서 쓰이는 납입횟수를 채우기 위해서는 최소 2만 원 이상 납입해야 합니다. 공공분양에서 최대로 인정되는 금액은 매월 10만 원이

| 청약 지역별 예치금액 |

전용면적	서울, 부산	기타 광역시	기타 시군
85m² 이하	300만 원	250만 원	200만 원
102m² 이하	600만 원	400만 원	300만 원
135m² 이하	1천만 원	700만 원	400만 원
모든 면적	1,500만 원	1천만 원	500만 원

*해당 금액이 입주자모집공고일 전에 통장에 있어야 청약 자격 부여

기 때문에 너무 많은 금액을 저축할 필요는 없습니다. 미성년자인 자녀에게 청약통장을 만들어주는 경우 최대 2년, 240만 원까지만 납입이 가능하기 때문에 매달 10만 원씩 2년 동안 납입하는 것이 최적입니다.

그렇다면 주택 청약의 1순위 조건은 무엇일까요? 기본적인 신청조건은 최초 입주자모집공고일 현재 해당 지역 또는 인근 지역에 사는 만 19세 이상의 거주자입니다. 이 중 수도권 지역은 최초 입주자모집공고일 기준 청약통장 가입 후 1년, 비수도권 지역은 6개월 이상이 지나야 합니다. 또한 민영주택은 납입인정금액이 지역별 예치금액이상이 되어야 1순위가 될 수 있습니다. 참고로 기간만 충족된다면 입주자모집공고일 전까지 필요한 납입인정금액은 한 번에 채울 수

| 민영주택 청약 1순위 조건 |

순위	지역		가입기간	납입횟수
1순위	투기과열지구, 청약과열지역		2년 이상	지역별, 면적별 예치금 기준 충족
	위축지역		1개월 이상	
	나머지 지역	수도권	1년 이상	
		수도권 외	6개월 이상	
2순위	청약통장 가입자 중 1순위에 해당하지 않는 자			

있습니다.

민영주택 청약 1순위 조건과 국민주택 청약 1순위 조건에 대해서 알아보기에 앞서 지역별 예치금부터 살펴보겠습니다. 예치금 기준을 충족해야 청약 자격이 주어지는데요. 금액은 지역별, 면적별로 다릅니다. 기준 지역은 청약하려는 아파트 등의 소재지가 아닌 현재 본인의 주민등록 거주지에 해당합니다.

민영주택 청약 1순위 조건은 도표를 참고하기 바랍니다. 만약 투기과열지구, 청약과열지역일 경우 필요한 요건이 추가되는데요. 첫째, 세대주여야 합니다. 둘째, 무주택자 또는 1주택자여야 합니다. 셋째, 가족구성원 모두 5년 이내에 청약 당첨 이력이 없어야 합니다. 참고로 자녀의 당첨 이력 혹은 소유한 집이 존재하더라도 주민등록등

구분	40m² 초과	40m² 이하
1순위	3년 이상 무주택 세대 구성원으로 저축 총액이 많은 자	3년 이상 무주택 세대 구성원으로 납입횟수가 많은 자
2순위	저축 총액이 많은 자	납입횟수가 많은 자

본상 같이 기재되어 있지 않다면 당첨 이력 및 주택 수에서 제외됩니다. 부부의 경우 세대가 분리되어 있더라도 당첨 이력 및 주택 수에 포함되니 유의하기 바랍니다.

국민주택 청약의 경우 '무주택 세대'라는 조건이 중요합니다. 세대주, 배우자, 직계존비속 모두 소유하고 있는 주택이 없어야 특별공급에 청약할 수 있습니다. 참고로 직계존속(만60세 이상)이 주택이나 분양권을 소유한 경우에는 무주택으로 간주하는 반면, 공공임대주택 또는 노부모부양 특별공급인 경우에는 유주택으로 간주합니다. 무주택 기간은 만30세 이상의 시점부터 계산됩니다. 만30세 이전에 결혼했다면 결혼한 날부터 계산합니다. 이 경우 만17세 이상부터 인정됩니다. 국민주택은 면적별로 순위 조건이 다르기 때문에 이 부분도 유의해야 합니다. 납입횟수가 많다면 40m² 이하, 저축된 총액이 많다면 40m² 초과를 노려보는 것이 좋습니다.

만일 동일한 순위 내에서 경쟁이 있을 때는 정해진 방법에 따라

| 동일 순위 내 경쟁이 있을 경우 선정 기준 |

주택 종류	선정 방법	
국민주택	순차별 공급, 순차 기준은 무주택 기간, 납입횟수, 납입 총액 등	
민영주택	85m² 이하	가점제 40% 이하, 추첨제 60% 이상
	85m² 초과	추첨제 100%
2순위	추첨으로 선정	

입주자를 선정합니다. 국민주택의 경우 1순위 내에서 무주택 기간, 납입횟수, 납입 총액 등을 고려해 순차별로 공급합니다. 민영주택은 전용면적에 따라 다른데요. 전용면적 85m² 이하일 경우 가점제 40% 이하, 추첨제 60% 이상으로 진행하고, 전용면적 85m² 초과일 경우 추첨제 100%로 진행합니다.

청약 가점
관리하는 방법

청약에 당첨되기 위해선 결국 청약 가점이 관건입니다. 공공분양은 통장 납입금액이 많은 순으로 당첨자가 결정되는 반면, 민간분양은 청약 가점에 따라 당락이 갈립니다. 가점은 84점 만점으로 무주택

| 무주택 기간 산정기준표(32점 만점) |

구분	점수	구분	점수
1년 미만	2	8년 이상~9년 미만	18
1년 이상~2년 미만	4	9년 이상~10년 미만	20
2년 이상~3년 미만	6	10년 이상~11년 미만	22
3년 이상~4년 미만	8	11년 이상~12년 미만	24
4년 이상~5년 미만	10	12년 이상~13년 미만	26
5년 이상~6년 미만	12	13년 이상~14년 미만	28
6년 이상~7년 미만	14	14년 이상~15년 미만	30
7년 이상~8년 미만	16	15년 이상	32
만30세 미만 미혼자 또는 유주택자: 0점			

*입주자모집공고일 현재 세대원 모두 무주택이어야 하며, 만30세 이전 혼인한 경우 '혼인신고일~입주자모집공고일', 만30세 이전 이혼하고 재혼한 경우 '초혼 혼인신고일~입주자모집공고일'이 무주택 기간

| 부양가족 수 산정기준표(35점 만점) |

구분	점수	구분	점수
0명	5	4명	25
1명	10	5명	30
2명	15	6명 이상	35
3명	20		

*입주자모집공고일 현재 주택공급신청자 또는 그 배우자와 같은 세대별 주민등록등본에 등재된 세대원 기준이며, 본인은 기본 5점이지만 부양가족 수에는 산정되지 않음

청약통장 가입기간 산정기준표(17점 만점)			
구분	점수	구분	점수
6개월 미만	1	8년 이상~9년 미만	10
6개월 이상~1년 미만	2	9년 이상~10년 미만	11
1년 이상~2년 미만	3	10년 이상~11년 미만	12
2년 이상~3년 미만	4	11년 이상~12년 미만	13
3년 이상~4년 미만	5	12년 이상~13년 미만	14
4년 이상~5년 미만	6	13년 이상~14년 미만	15
5년 이상~6년 미만	7	14년 이상~15년 미만	16
6년 이상~7년 미만	8	15년 이상	17
7년 이상~8년 미만	9		

*납입 여부, 횟수와 관계없이 개설일에서 경과된 기간으로 산정

기간(32점), 부양가족 수(35점), 청약통장 가입기간(17점)을 바탕으로 점수를 매깁니다.

무주택 기간은 1년 미만의 경우 2점, 기간이 1년씩 늘어날 때마다 2점씩 가산되어 15년을 채우면 최고 점수를 받습니다. 하지만 배우자뿐만 아니라 세대원 전원이 장기간 무주택을 유지해야 한다는 문제가 있어 현실적으로 최고 점수를 받기란 쉽지 않습니다.

부양가족 수의 경우 1명이 늘어날 때마다 5점씩 올라갑니다. 배우자, 직계존속, 직계비속이 부양가족에 해당합니다. 이때 직계존속

(배우자의 부모 포함)은 3년 이상, 직계비속(만30세 미혼 자녀)은 1년 이상 동일한 주민등록등본에 등재되어 있어야 합니다. 해당 기간 직계존비속 모두가 무주택을 유지해야 부양가족 수 점수를 받을 수 있습니다.

마지막으로 청약통장 가입기간의 경우 6개월 미만은 1점이고, 1년 미만은 2점입니다. 이후 매년 1점씩 추가되어 15년을 모두 채우면 최대 17점을 받습니다.

참고로 청약 일정은 한국부동산원에서 운영하는 청약홈에서 확인 가능합니다. '청약일정 및 통계' 메뉴에서 청약 일정을 미리 확인할 수 있습니다. '청약알리미' 기능을 통해 관심 지역을 지정하면 문자로 청약 일정을 받아볼 수 있습니다.

청약 공고가 나오면 모델하우스에 직접 방문해봐야 합니다. 요즘에는 온라인으로도 모델하우스를 운영하지만 직접 가서 보는 것이 가장 확실합니다. 모델하우스를 볼 때는 배치 모형과 분위기를 확인해야 합니다. 상권이 편리한지, 커뮤니티 시설은 어떤지, 로열층은 어디인지 확인해보면 도움이 됩니다. 그리고 상담원과의 상담을 통해서 구체적으로 물어보고 싶은 부분도 문의하기 바랍니다.

04

등기사항전부증명서
확인하기

등기 열람 및
발급 방법

부동산을 매입하기 전에 반드시 확인해야 하는 것이 등기입니다. 등기를 통해 해당 부동산의 소유, 형태, 구조, 근저당권 설정 여부 등 소유권에 제한을 가하는 각종 권리를 확인해야 합니다. 주택 등기의 경우 아파트, 다세대주택, 연립주택과 같은 집합건물에 대한 것과 단독주택, 다가구주택과 같은 일반건물 등기로 나뉩니다. 또한 토지 등기, 건물 등기로 세분화됩니다.

우선 '대법원 인터넷등기소'를 검색합니다. 과거에는 법원에 직접 가야 등기를 뗄 수 있었지만 지금은 온라인에서 손쉽게 떼볼 수 있습니다. 대법원 인터넷등기소에서 '등기열람/발급' 메뉴를 누르면 간편 검색, 소재지번으로 찾기, 도로명주소로 찾기, 고유번호로 찾기, 지도로 찾기 등 찾는 방법을 선택할 수 있습니다.

열람수수료는 700원이고 발급수수료는 1천 원입니다. 열람 화면에서 출력하는 '열람용 등기'는 법적 효력이 없습니다. 관공서 등에 제출하기 위한 등기는 직접 출력해야 합니다. 등기 기록 유형에서 '전부'는 말소사항이 포함되어 나오고, '일부'는 현재 소유 현황만 나옵니다. 특정인 지분 및 지분 취득 이력의 경우 명의 인명을 입력해야 합니다. 끝으로 주민등록번호 공개 여부, '결제대상 부동산'을 선택해 수수료를 확인하고 결제하면 됩니다.

등기의
요소

등기는 표제부, 갑구, 을구로 구성되어 있습니다.

표제부는 말 그대로 대표적인 항목을 말합니다. 예를 들어 아파트, 다세대주택, 연립주택과 같은 집합건물은 소재지, 지번, 지목, 구조와 함께 대지권의 목적인 토지의 표시, 전유 부분의 표시, 대지권의 표시 등이 기재됩니다.

갑구에는 소유권과 관련된 사항이 기재됩니다. 소유권보존등기, 소유권이전등기, 가등기나 가압류, 가처분, 환매등기, 경매기입등기와 같이 소유권과 관련된 사항이 기록됩니다. 을구에는 소유권 이외의 권리가 기록됩니다. 근저당권, 전세권, 지상권, 지역권 등이 을구에 기록됩니다. 저당권이 설정되어 있다면 그 이유가 무엇인지, 얼마인지 을구에서 면밀히 확인해야 이후 대상물건이 경매로 넘어가는 것을 막을 수 있습니다.

갑구의 구성 요소는 다음과 같습니다.

1. 순위 번호: 등기한 순서를 숫자로 표시한 것이며, 표시된 순위 번호에 의해 권리 간의 우선순위가 정해집니다.
2. 등기 목적: 등기의 내용, 종류를 표시합니다. 주로 소유권보존등기와 수유권이전등기가 있습니다.
3. 접수: 등기신청서를 접수한 날짜와 신청서를 접수하면서 부여한 접수번호를 표시합니다.
4. 권리자 및 기타사항: 부동산의 권리자 및 기타 권리 사항을 표시합니다. 소유권보존등기의 경우 소유자가 기재됩니다.

갑구를 볼 때 유의해야 할 부분은 이렇습니다. 소유권 압류, 가압류, 가처분, 경매 개시 결정 등 처분제한등기가 설정되어 있다면 주의해야 합니다. 채권자가 채권 확보를 위해 채무자의 재산을 압류, 가압류한 경우 그 채무자(소유자)가 채무를 변제하지 못하면 해당 부동산이 경매에 넘어갈 수 있기 때문입니다. 등기를 꼼꼼히 확인해야 하는 이유입니다. 해당 부동산에 대해 소유권이전등기 청구권을 확보하기 위해 또는 소유권이전등기 청구권 말소를 위해 처분금지 가처분을 하는 경우 그 소송의 원고가 승소 판결을 받으면 가처분 이후 모든 등기는 말소될 가능성이 있습니다.

을구의 구성 요소는 다음과 같습니다.

1. 순위 번호: 등기한 순서를 숫자로 표시합니다. 표시된 순위 번호에 의해 권리 간의 우선순위가 정해집니다.
2. 등기 목적: 등기 내용, 종류를 표시합니다. 근저당권 설정, 전세권 설정, 지역권 설정이 이에 해당합니다.
3. 접수: 등기신청서를 접수한 날짜와 신청서를 접수하면서 부여한 접수번호를 표시합니다.
4. 등기 원인: 등기의 원인 및 원인 일자를 표시합니다. 매매, 설정 계약, 해지 등이 이에 해당합니다.

을구에서 확인해야 할 사항은 우선 최초 근저당 설정일입니다. 을구의 최초 근저당 설정 접수일과 현재 해당 부동산에 거주하는 임차인의 전입일을 비교해서 선순위 임차인이 존재하는지 꼭 확인해야 하기 때문입니다. 보통 근저당은 채무액의 130% 정도로 설정되는데 실제 채무액은 채권 최고액의 80% 정도라고 보면 됩니다. 최초로 설정된 근저당권의 설정금액도 확인해야 합니다. 그 금액이 소액일 경우 대위변제 가능성도 고려해야 합니다. 만일 채무자가 근저당권 채권을 모두 변제하지 않을 경우 해당 부동산은 경매에 넘어갈 수 있습니다.

부동산 매매에 앞서 등기를 발급받아서 각종 권리관계를 확인하는 것은 나의 소중한 투자금을 보호하는 첫걸음입니다. 갑구에서는 소유권과 관련된 제한사항, 예를 들어 가압류, 가처분, 가등기 등이 기입되어 있는지 확인해야 합니다. 만약 그런 제한사항이 기입되어 있다면 말소를 한 후 계약을 진행하거나 말소를 조건으로 매매계약서를 작성하길 바랍니다.

다시 한번 강조하지만 을구에서는 근저당권을 조심해야 합니다. 부동산 규제를 고려해 은행 대출과 관련해 매도인에게 물어볼 필요가 있습니다. 기존의 주택담보대출을 승계하기로 계약했다면 매매계약을 체결하기에 앞서 대출은행에 종전 주택담보대출을 승계할 수 있는지도 확인해야 합니다. 주택담보대출을 신청하는 차주의 신용도

나 소득, 주택 보유 여부 등에 따라서 대출 승계가 안 될 수 있고, 일부 상환을 해야 하는 경우도 있기 때문입니다.

05
건축물대장
확인하기

건축물대장
열람 및 발급 방법

건축물대장은 건물의 면적, 구조, 용도, 연면적, 건폐율, 용적률, 건축 연도 등을 확인할 수 있는 서류입니다. 건축물대장을 등기와 비교해 미등기 건물의 존재 여부를 파악하거나, 공부서류와 비교해 일치하지 않는 내용은 없는지 확인해야 합니다. 특히 공동주택이 아닌 단독주택이나 다가구주택, 상가주택을 매입할 경우 건축물대장을 필히 확인해야 합니다.

건축물대장은 정부24(www.gov.kr)를 통해 간단히 발급받을 수 있습니다. '민원서비스' 메뉴에서 발급 가능합니다. 등기와 달리 인터넷 열람 및 발급은 무료입니다. 건축물 소재지를 검색해 입력하고 대장 구분에서 일반인지 집합인지 선택한 후 대장 종류를 입력하면 발급 가능합니다.

건축물대장, 무엇을 봐야 할까?

건축물대장에는 소유자와 관련된 사항을 볼 수 있습니다. 건축물대장과 등기의 소유자가 다른 경우도 있는데요. 이 경우 권리관계는 등기에 기재된 소유자가 앞선 우선순위에 있다고 볼 수 있습니다. 즉 등기 소유자가 진정한 소유자라고 보면 됩니다. 건축물대장은 소유자를 공시하는 서류가 아닌, 건축물의 구조와 관련법 위반 여부 등을 보여주는 서류이기 때문입니다.

건축물대장에는 해당 건물의 주소부터 면적, 용도, 현황, 소유자 등에 관한 자세한 정보를 확인할 수 있습니다. 특히 상가와 관련한 부동산 거래의 경우 영업신고 및 허가 외에도 건축물대장을 통해 층수, 면적, 용도 등 건물에 대한 내용을 상세히 살펴야 합니다. 건물의 불법 개조 또는 가건물 설치로 인해 위반 건축물로 지정되어 있다면 이행강제금이나 벌금을 내야 할 수 있습니다. 건물의 현 상황을 파악하기 위해서라도 반드시 확인해야 합니다. 만약 건물에 위반 건축물이 있다면 건축물대장 상단에 노란색 박스 표시로 위반 건축물 여부를 표기하므로 참고하기 바랍니다.

시군구청은 무허가 건축 여부, 위반 건축물의 면적, 구조, 용도 발생연도 등을 확인해 만약 위반 건축물인 경우 건물주로 하여금 원상회복을 명령할 수 있습니다. 이에 응하지 않을 경우 이행강제금을 부과하거나 철거 명령을 하는 경우도 있기 때문에 이러한 사항이 있다면 거래 시 가격을 깎거나 매수해서는 안 될 것입니다.

빅데이터를 이용한 투자 대상 단지 분석

최근 부동산 빅데이터와 인공지능 분석 서비스를 제공하는 앱이 여럿 출시되고 있습니다. 이번에는 '리치고'라는 앱을 이용해 투자 대상 단지를 비교하고 분석하는 방법에 대해 알아보겠습니다.

리치고는 자체적으로 수십 가지 요소를 분석하는 인공지능 분석 서비스를 운영하고 있습니다. 이를 통해 투자점수, 거주점수, 저평가 지수 등을 매기고 2년 후 아파트 가격이 어떻게 변화할지 예측해줍니다. 그동안 주먹구구식으로 투자를 해왔다면 리치고를 통해 좀 더 과학적인 방식으로 접근해보기 바랍니다.

리치고는 지도 기반의 분석 서비스도 제공하고 있는데, 리치고 앱 지도 탭에서 '지역' '청약' '호재'별로 필터링해 매물을 검색할 수 있습니다. 좌측 하단 설정 기능이 유용한데요. 주간증감률, 월간증감률, 분기증감률, 연간증감률 등 보고 싶은 방식으로 설정할 수 있습니다.

리치고의 가장 큰 장점은 인공지능을 통해 부동산 빅데이터를 종합적으로 분석하고, 시군구 단위로 가격 흐름을 예측할 수 있다는 것입니다. 30여 가지의 빅데이터를 학습한 인공지능 모델을 기반으로 미래 가격을 예측하고, 지역과 단지별로 투자점수를 매기는 등 상세 분석이 가능합니다. 리치고 김기원 대표는 언론과의 인터뷰에서 "리치고는 AI를 통해 지역·개별 아파트 시세가 통합적으로 움직이며 경쟁사 대비 압도적 정확도를 보이는 모델로, 오차율 8% 이하로 국내 최고 수준의 성능을 보인다."며 "부동산 관련 종합 정보를 기업과 고객별로 맞춤화해 업계에 독보적 입지를 굳혀 나갈 방침이다."라고 설명했습니다.

5장

소액으로 시작하는
실전 경매 투자

01
부동산 경매
절차 알아보기

경매는 주택, 상가, 토지를 시세보다 싸게 취득하는 대표적인 방법입니다. 경매는 그 절차와 방법만 알면, 그리고 다양한 매체를 통해 공부하면 효과적으로 돈을 벌 수 있는 좋은 수단입니다. 경매 절차를 간단히 소개하면 다음과 같다.

1. 여유자금 확인하기

2. 주택, 상가, 토지 등 무엇에 투자할지 정하기

3. 어느 지역에 투자할지 결정하기

4. 경매 사이트에서 염두에 둔 조건의 물건 검색하기

5. 공부서류를 검토해 배당, 권리, 임차인 분석하기

6. 현장을 조사하고 공부서류와 대조하기

7. 입찰 게시판에서 사건기록 열람하고 경매 참여하기

8. 잔금 지급 및 소유권이전등기 진행하기

9. 대상물건 활용하기

경매는 사경매와 공경매로 나뉩니다. 사경매는 개인이 실시하는 특수한 형태의 경매이니 이 책에서는 다루지 않겠습니다. 공경매는 국가의 공권력을 이용하는 경매로 「민사집행법」에 의한 법원경매와 「국세징수법」에 의한 공매로 구별됩니다. 법원경매는 다시 강제경매와 임의경매로 나뉩니다.

좀 더 자세히 알아보겠습니다. 법원에서 진행하는 경매는 강제경매에 해당하며, 근저당권 실행으로 진행되는 경매는 임의경매에 해당합니다. 예를 들어 채무자가 돈을 갚지 않으면 채권자는 법원에 소송을 제기하고 승소판결을 받은 후에 강제경매를 진행할 수 있습니다. 만약 채무자가 은행에서 빌린 돈을 갚지 않았다면 은행은 근저당권을 실행할 것이고, 이후 압류하고 매각하는 임의경매 절차를 밟게 됩니다.

경매 낙찰금의 경우 법원은 경매를 진행하면서 발생하는 비용(감정료, 각종 수수료, 공고료 등)을 공제하고 순액만을 채권자에게 배당합니다. 낙찰가와 감정평가액은 약간 다른 개념인데요. 감정평가는 대상물건을 감정평가사가 가격을 매기는 것이라 보면 되고, 감정평가액의 80% 정도에 낙찰받는 것이 일반적입니다. 경매에 여러 사람이 참가하다 보면 낙찰가가 감정가보다 높아지는 경우도 있는데 잘못하면 손해를 볼 수도 있으니 신중해야 합니다.

경매를 하다 보면 최저매각가격이라는 개념이 나오는데요. 경매 신청한 물건을 감정인이 평가한 가격을 기준으로 최소 이 정도에는 팔아야 한다고 법원이 결정한 가격을 말합니다. 경매에 참여하는 사람이 없는 경우 20% 정도 할인한 가격이 최저매각가격으로 설정됩니다.

법원경매정보 이용하기

경매의 시작은 대한민국법원 법원경매정보를 이용하는 것부터라고 볼 수 있습니다. 해당 사이트에서 '지도검색'을 통해 간단히 경매 물건을 살펴볼 수 있습니다. '경매물건' 메뉴에서 '물건상세검색'을 누르면 조건에 맞는 물건 정보를 검색할 수 있는데요. 용도별로 아파트, 답, 빌라, 근린생활시설, 대지, 단독주택, 임야, 오피스텔, 전, 도로,

다세대주택 등을 찾아볼 수 있습니다.

'기일별검색' '다수조회물건' '다수관심물건' 등을 통해 여러 경매 물건을 살펴볼 수 있습니다. 사건번호, 물건번호와 용도, 소재지 및 내역이 나오고 비고란에는 일괄 매각인지 제시 외 건물이 포함되어 있는지 등이 기재됩니다. 그리고 가장 중요한 감정평가액과 최저매각 가격이 나오며, 신건인지 몇 차례 유찰되었는지도 확인 가능합니다. 또 사건내역, 배당요구종기내역, 물건내역도 상세하게 살펴볼 수 있습니다.

경매를 염두에 두고 있다면 대한민국법원 법원경매정보를 수시로 확인하기 바랍니다.

02
꼭 알아야 하는
경매의 원칙

경매의
6가지 원칙

1. 가용자금 파악하기

내가 가진 돈이 얼마인지를 알아야 토지든 아파트든 어떤 경매에 참여할지 결정할 수 있습니다. 가진 돈이 많다면 강남처럼 비싼 동네의 경매 물건도 노릴 수 있을 것이고, 가진 돈이 적다면 지방에 있는 구축 아파트나 저렴한 빌라에 투자해야 할 것입니다. 그렇기에 가용자금이 얼마인지부터 점검할 필요가 있습니다. 그리고 법원경매정보에 올라오는 물건들의 가격대를 보면서 어떤 부동산에 투자할 것인지 계획을 세워야 합니다.

2. 종목 선택은 필수

무조건 '아파트'만 고집하는 분이 참 많습니다. 경매 대상물건은 자금 사정에 맞게 선정해야 합니다. 어느 정도 자금이 있어도 향후 기대이익 정도에 따라 종목 선택은 달라질 수 있습니다.

소형 아파트의 경우 수요가 많아서 가격 상승이 높은 편이지만, 다세대주택에 비해 대지지분이 적고 용적률이 높아서 건물이 노후화되었을 경우 기대되는 개발이익은 작다고 볼 수 있습니다. 한편 다세대주택은 아파트, 오피스텔보다는 대지지분이 커서 재개발이 진행될 경우 기대되는 개발이익이 큰 편입니다. 또 빌라라고 해서 무조건 상승률이 더딘 것은 아닙니다. 핵심 입지 내 위치한 빌라라면 아파트가 오르는 추세에 함께 올라탈 수 있어서 투자 가치가 높습니다.

일반 건물이나 상가는 관리에 드는 노고와 비용도 고려해야 합니다. 여윳돈이 많은 경우에만 노리는 것이 좋습니다. 수익형 부동산인 상가는 가격 상승폭이 주택만큼 높지 않다는 점도 알아야 합니다. 여유자금이 충분하고 마땅한 다른 물건이 없을 때 고려해볼 것을 권합니다.

3. 지역은 내가 잘 아는 곳으로

가용자금에 대한 파악이 끝났고, 어떤 종류의 물건을 노릴지 정했다면 이제 '지역'에 대해 고민해야 합니다. 부린일수록 되도록 잘 알고 거주지와 가까운 지역의 물건에 관심을 갖길 권합니다. 너무 멀리 있는 부동산은 현황을 파악하기가 쉽지 않고 관리도 어려워서 수익을 내기 힘든 경우가 많습니다. 멀리 떨어진 곳은 당연히 자주 가기도 힘들고 해당 지역의 동향과 트렌드도 파악하기 어렵습니다.

4. '건물만 매각'은 피하기

법원경매정보에서 물건을 검색하다 보면 토지를 제외하고 건물만 매각하는 경우가 종종 있습니다. 비고란에 '건물만 매각'이라고 적혀 있다면 입찰에 참여하지 않는 것이 좋습니다. 토지 매각은 제외되어 있기 때문입니다. 여러 번 유찰되어 가격이 싸다고 해서 입찰하면 나중에 손해를 볼 수 있습니다.

일반적으로 건물은 토지와 함께 일괄매각으로 경매에 나옵니다. 그런데 여러 가지 이유로 건물만 경매가 나오는 경우도 있는데, 이런 물건은 건물에 법정지상권이 없는 경우도 많습니다. 법정지상권이 없으면 낙찰 후에도 토지 소유자가 건물 철거를 요구할 경우 응해야 합니다. 소송까지 가더라도 질 수밖에 없습니다. 법정지상권이 성립한다면 입찰을 검토해볼 수 있지만 이 역시 토지 소유자에게 지료를 지급해야 하므로 부담이 큽니다. 이런 건물은 애초에 입찰에 참가하지 않는 것이 리스크 관리 측면에서 이롭다고 봅니다.

5. '토지만 매각'도 피하기

마찬가지로 건물이 있는데 토지만 매각하는 경우도 종종 보입니다. 비고란에 '토지만의 매각'이라고 적혀 있는 물건은 지상에 건물이 있기 때문에 추후 건물 소유자와 분쟁이 예상되는 물건입니다. 지상 건물에 법정지상권이 성립되었는지 검토해야 하며, 만약 법정지상권이 성립한다면 건물에 대한 철거 청구가 어렵습니다. 다만 지료를 청구할 수는 있는데 만약 2년분의 지료가 연체되었다면 법정지상권이 소멸했다고 주장할 수 있습니다. 소송을 제기해 철거 집행을 해야 하므로 절차가 굉장히 복잡합니다.

6. '지분매각' 피하기

경매 물건은 일괄매각이 압도적으로 많지만 간혹 지분매각도 심심치 않게 보입니다. 비고란에 '지분매각'이라고 적혀 있다면 피하는 게 좋습니다. 이러한 물건은 여러 사람이 공동명의로 소유한 상황에서 소유자 중 한 명의 지분이 경매로 나온 경우입니다. 나머지 공유자와의 협상으로 지분을 사거나, 아니면 낙찰 이후 나머지 공유자에게 매도할 생각으로 경매에 참여해야 합니다. 만약 협상이 되지 않으면 공유물분할청구소송을 통해 부동산 전체를 경매 처분해서 지분 비율대로 배당을 받아야 합니다. 해당 부동산을 다른 공유자가 이용하고 있다면 내 지분에 해당하는 만큼의 지료 등을 부당이득반환청구소송으로 받을 수 있습니다. 이러한 상황과 절차 자체가 부린이에게는 큰 부담이기 때문에 지분매각 물건은 피하기를 권합니다.

03
경매 사이트로
물건 찾기

매일옥션과
굿프랜드경매

앞서 대한민국법원 법원경매정보에 대해 소개했는데요. 경매 물건을 분석해주는 사설 사이트도 여럿 존재합니다. 책에서 소개할 사이트는 매일옥션(maeilauction.co.kr)과 굿프랜드경매(www.gfauction.info)입니다. 유료 서비스를 이용하지 않아도 물건을 찾고 분석하는 기본적인 기능은 제공하고 있으니 참고하기 바랍니다.

우선 매일옥션부터 살펴보겠습니다. 매일옥션에서 '경매물건검

매일옥션 '경매물건검색' 화면

색' 메뉴를 누르면 여러 방식으로 물건을 검색할 수 있습니다. 여기서 소재지와 감정가, 종류별로 물건을 검색할 수 있습니다. 매일옥션의 장점은 번거롭게 따로 창을 켜서 정보를 검색할 필요가 없다는 데 있습니다. 지적도, 로드뷰, 위성지도는 물론이고 등기, 명세서, 임차인 현황 등을 손쉽게 한 화면에서 열람할 수 있습니다.

경매 물건을 검색하고 분석하기 좋은 다른 사이트로는 굿프렌드 경매가 있습니다. 개인적으로 인터페이스와 구성이 매일옥션보다 좀 더 편리한 것 같습니다. 원하는 지역과 금액을 설정해 물건을 검색할 수 있습니다. 검색 결과에 따라서 유찰 횟수, 조회수도 볼 수 있는데요. 조회수가 높을수록 인기가 많은 물건이란 뜻이겠죠?

굿프렌드경매 '경매 종합검색' 화면

　'나만의 관심물건'을 등록해 경매 물건을 별도로 관리할 수 있으며, '입찰표 작성하기' 기능을 통해 입찰표 작성을 미리 연습해볼 수도 있습니다. 가끔 현장에서 입찰가격을 오기하는 등 어이없는 실수를 하는 경우가 많은데요. 입찰표를 미리 작성하고 출력해서 법원에 가져가면 좀 더 안전하고 편하게 입찰 과정에 참여할 수 있습니다.

04
물건 분석부터
입찰까지

시작은
권리분석부터

입찰에 앞서 권리분석을 통해 괜찮은 물건인지, 법적으로 다툼의 여지는 없는 물건인지 확인해야 합니다.

최선순위 등기가 저당권, 근저당권, 가압류, 압류, 담보가등기, 경매개시결정등기라면 크게 문제되지 않을 가능성이 높습니다. 경매가 실행되어 낙찰 후에 잔금을 납입하면 본등기 및 후순위 등기가 모두 말소되어 깨끗한 부동산이 되기 때문에 투자를 고려해도 좋습니다.

또한 아파트, 빌라와 같이 전체에 대한 전세권인 경우 전세권자가 경매를 신청했거나 배당 요구를 한 상황이라면 입찰을 고려해볼 수 있습니다. 그러나 전세권이 건물 일부에만 설정되어 있다면 주의해야 합니다.

그다음으로 가처분 여부도 확인이 필요합니다. 가처분은 다툼의 대상, 즉 계쟁물(係爭物)에 관한 가처분과 임시의 지위를 정하는 가처분으로 구분됩니다. 「민사집행법」에 따르면 계쟁물에 관한 가처분은 채권자가 금전 외의 물건이나 권리를 대상으로 하는 청구권을 가지고 있을 때 그 강제집행 시까지 다툼의 대상이 처분, 멸실되는 등 법률적, 사실적 변경이 생기는 것을 방지하고자 다툼의 대상의 현상을 동결시키는 보전처분을 말합니다. 금전채권의 보전을 위한 가압류와 구별됩니다.

가처분이 있다면 해당 부동산에 분쟁이 있다는 뜻이므로 부린이라면 피하는 것이 좋습니다. 소송관계에 휘말릴 수 있어 피해야 합니다. 난이도가 낮은 다른 물건도 많은데 굳이 소송까지 감수하면서 낙찰받을 이유는 없겠죠.

최선순위 등기보다 전입일자가 빠른 임차인이 있는 물건도 피해야 합니다. 그 임차인에게는 대항력이 있기 때문입니다. 물론 최선순위 등기보다 전입일자가 빠를지라도 임차인이 받아갈 배당금을 산정해서 분배하는 경우라면 괜찮습니다. 세입자는 당연히 보증금을 받아야 떠납니다. 경매로 소유자가 바뀐다고 해도 대항력을 가진 임차인은 낙찰자에게 임대차 보증금을 요구할 권리가 있습니다. 대항력이 있는 임차인이 보증금을 모두 배당받는다면 낙찰자와 상관없지만, 배당받지 못한 금액이 있다면 나머지는 낙찰자가 지불하지 않는 이상 명도 청구, 즉 나가라고 할 수 없습니다.

그다음으로 경매 정보에 '인수' '여지 있음' '미납' '유치권' '법정지상권' 등 특별한 내용이 있는지 검토해야 합니다. 이러한 내용이 있다면 입찰에 참가하지 않는 것을 권합니다. 여기서 '인수'란 어떤 권리에 대한 의무를 낙찰자가 부담해야 한다는 뜻이고, '여지 있음'이란 어떤 의무가 성립할 가능성이 있다는 뜻입니다.

마지막으로 경매 신청자와 최선순위 등기자가 같다면 아무런 문제가 없으므로 투자를 고려해도 좋지만 만약 다르다면 주의가 필요합니다. 최선순위 등기자가 채권계산서를 제출했는지 문건 송달내역을 통해 확인해야 합니다. 만약에 제출이 되었다면 입찰해도 큰 문제는 없을 것입니다. 제출하지 않았다면 채권이 존재하는지 조사해야 하며, 채권이 없는 경우에만 투자해야 합니다.

부린이일지라도 지금까지 설명한 것만 확인하고 입찰 여부를 결정한다면 안전한 경매 투자가 가능합니다. 권리분석이 된 물건에 입찰하는 것이 원칙임을 잊지 말아야 합니다.

입찰 과정에서
챙겨야 할 것들

입찰에 참가하기 위해서는 법원에 방문해야 하는데요. 준비물을 잘 챙겨야 현장에서 당황하지 않습니다. 신분증, 도장, 입찰보증금은 기본입니다. 도장은 막도장도 괜찮습니다. 보통 법원 앞에 도장집이 있기 때문에 당일에 만들어도 무방합니다.

만약에 본인이 아닌 대리인이 가서 입찰에 참여할 경우 본인의 임감증명서와 인감도장이 날인된 위임장, 대리인의 신분증과 도장, 입찰보증금을 챙겨야 합니다. 여기서 '본인'은 부동산을 낙찰받고자 하는 사람을 말하며, '대리인'은 본인의 위임을 받아서 입찰에 참여할 사람을 말합니다. 입찰법정에 가면 비치된 입찰표 뒷장에 위임장이 있으므로 당일 작성해도 좋고, 미리 위임장을 법원경매정보에서 출력해 작성해도 좋습니다.

법정대리인이 입찰에 참여할 수도 있습니다. 미성년자의 부모가 입찰에 참여하는 경우가 대표적입니다. 이때는 부모의 인감도장이 날인된 미성년자 입찰 참가 동의서, 부모의 인감증명서, 호적등본, 법정대리인의 신분증과 도장, 입찰보증금을 챙기면 됩니다. 법원에 따라 미성년자 본인의 인감증명서와 위임장을 요구하기도 하므로 미리 연락해서 물어보기 바랍니다.

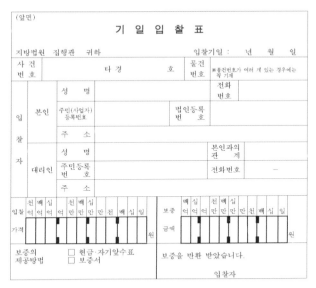

입찰표 서식

2명 이상이 공동명의로 입찰에 참여하는 경우 공동입찰 신고서, 공동입찰자 목록, 입찰 불참자의 인감증명서와 위임장, 입찰 참석자나 대리인의 신분증과 도장, 입찰보증금 등을 챙겨야 합니다. 공동입찰자 목록에는 입찰자별 지분을 표시하고, 표시가 없으면 동일 지분으로 봅니다.

입찰표의 경우 생각보다 작성에 시간이 오래 걸리기 때문에 미리 뽑아서 가는 것이 좋습니다. 법원에 가서 허겁지겁 쓰다 보면 오류가 날 수도 있어요. 미리 작성해가는 것을 권합니다. 입찰표의 금액란은 수정이 불가하기 때문에 글씨가 뭉개지거나 숫자를 알아보기 어렵게 쓰면 새로 작성해야 합니다. 경매 법정에 비치되어 있는 입찰서에는 대부분 해당 법원의 명칭이 인쇄되어 있지만, 법원경매정보 사이트에서 직접 받은 양식에는 공란이므로 해당 법원의 정확한 명칭을 기재해야 합니다.

일반적으로 하나의 사건번호에 하나의 부동산이므로 물건번호는 공란으로 비워둡니다. 하나의 사건번호에 여러 개의 부동산이 매각될 때는 각각의 부동산마다 물건번호가 정해져 있어 입찰하고자 하는 부동산의 물건번호를 물건번호란에 기재해야 합니다. 그리고 주소란에는 반드시 신주소를 기재해야 합니다.

입찰가격과 보증금액란을 잘 구분해서 금액을 정확히 기재해야 합니다. 보증금액은 최저 입찰가의 10%를 기재하면 됩니다. 대금 미납 등으로 재매각되는 사건의 경우 특별매각조건으로 입찰보증금을 최저매각가격의 20%로 정했다면 해당하는 금액을 기재해야 합니다. 입찰보증금을 현금이나 수표로 낸다면 현금·자기앞수표에 표시하고 보험회사에서 발행한 보증보험증권으로 납부한다면 보증서에 표시하면 됩니다.

만약 대리인이 입찰을 하는 경우 본인란과 대리인란을 모두 작성해야 하는데요. 본인란에는 명의로 할 사람의 성명과 전화번호, 주민등록번호, 주소를 기재하고, 대리인란에는 대리인의 성명, 본인과의 관계, 전화번호, 주민등록번호, 주소를 기재한 다음 도장을 날인합니다. 대리인이 입찰하는 경우 위임장에만 본인의 인감도장을 날인하고 입찰표와 입찰봉투 등 나머지 모든 날인은 대리인의 도장을 씁니다. 맨 아래 입찰자란에도 대리인을 기재하고, 보증금 반환 시 대리인의 도장을 날인합니다.

입찰봉투의 경우 입찰보증금을 넣는 소봉투와 입찰표, 위임장, 인감증명서 등 모든 서류를 넣는 대봉투로 구분됩니다. 만약 본인이 입찰한다면 본인란에 성명을 적고 도장을 찍으면 됩니다. 사건번호란에는 사건번호를 쓰고 물건번호가 있다면 물건번호란에 적습니다. 없다면 공란으로 두면 됩니다. 대리인이 입찰하는 경우 본인란에 본인의 성명을 적고, 대리인란에 대리인의 성명과 도장을 찍습니다.

입찰법정에 도착하면 입찰 게시판을 확인해야 합니다. 입찰 게시판에는 당일 진행하는 사건의 목록이 나와 있는데요. 사건이 취소되거나 입찰 날짜가 바뀌는 경우도 있어 꼭 확인해야 합니다. 법정에 가기 전에 미리 문건과 송달내역, 기일내역을 확인해서 취하되었거나 변경되었는지 확인하는 것이 좋습니다. 물론 당일에도 도착해서 입찰 게시판을 한 번 더 확인해야 합니다.

참고로 입찰표를 제출하기 전에 현장에서 다른 사람들이 어떤 정보를 교환하는지 귀담아듣는 것도 한 방법입니다. 해당 물건에 대한 숨겨진 이야기를 듣는 경우도 있기 때문에 잘 경청하기 바랍니다.

차순위매수신고와
공유자우선매수신고

입찰법정에서 즉석으로 차순위매수신고와 공유자우선매수신고를 할 수 있으므로 이 부분도 염두에 둬야 합니다.

차순위매수신고란 낙찰자가 낙찰대금을 내지 않으면 차순위매수신고인에게 낙찰의 기회를 주는 것을 말합니다. 매각불허가의 경우 차순위매수신고인에게 기회가 오지 않습니다. 차순위매수신고는 낙찰가에서 입찰보증금을 뺀 금액보다 높은 금액에 입찰한 사람이면 가능합니다.

차순위매수신고를 원하는 사람이 여러 명이면 그중 가장 높은 입찰가를 낸 사람에게 기회를 주고, 동일한 금액을 낸 사람이 여러 명이면 추첨으로 정합니다. 그런데 잘 생각해보면 낙찰자의 보증금이 몰수될 때까지 돈을 안 냈다는 것은 무언가 심각한 하자가 있다는 뜻입니다. 따라서 제대로 알아보지 않고 차순위매수신고를 하는 일은 없길 바랍니다.

부동산의 일부 지분만이 경매에 나온 경우 공유자우선매수신고를 할 수 있습니다. 경매로 나온 물건의 나머지 공유자에게 우선적으로 매수할 수 있는 기회를 주는 것이 이 제도의 취지입니다. 공유자우선매수신고는 사전에도 가능하고 입찰 당일에도 가능합니다. 사전에 공유자우선매수신고서를 제출한 경우 법원경매정보에 내역이 뜨기 때문에 입찰자 수가 줄어들어 낙찰가가 낮아지는 효과를 누릴 수 있습니다.

05

낙찰 이후에
챙겨야 할 것들

    낙찰 이후에는 빠르게 점유자와 접촉할 필요가 있습니다. 점유자와 되도록이면 빨리 연락하는 게 좋습니다. 혹시 파악하지 못한 리스크는 없는지 확인하고, 권리분석으로 발견할 수 없는 실질적이고 물리적인 하자는 없는지 알아야 하기 때문이죠. 만약 하자를 발견했다면 잔금을 치르기 전까지 이를 해결할 수 있는 방안을 강구해야 합니다.

    원활한 명도를 위해서라도 점유자와 빨리 접촉하는 게 좋습니다. 점유자 입장에서는 낙찰자와 연락된 시점부터 명도에 대한 고민을 하게 됩니다. 낙찰만 받았지 아직 잔금을 내지 않았다는 이유로 점유자와 연락하지 않으면, 점유자가 부동산 점유를 포기하지 않고 눌러

앉을 수도 있습니다. 그래서 사전에 연락해 비워주고 나가야 한다고 고지하고 준비할 수 있는 시간과 기회를 줘야 합니다. 잔금을 치르고 배당일까지는 나가야 한다고, 그것이 원칙이라고 점유자에게 명확히 설명해야 합니다.

인도명령이나 강제집행에 대해 섣불리 언급하는 것은 금물입니다. 자칫 분란만 조장할 수 있으므로 처음부터 그런 언행을 하는 것은 삼가야 합니다. 법의 힘보다는 대화와 설득으로 풀어나가는 것이 중요합니다. 서로를 위해 그렇습니다. 불필요한 분란을 피하기 위해 잘 구슬러야 합니다. 언제 이사할 수 있는지 묻고, 이사 갈 곳을 알아봐 주거나 이사비를 대신 내주는 등 작은 배려도 필요합니다.

열린 마음으로 대화를 시도했음에도 점유자가 고액의 이주비를 요구하거나 나가지 않겠다 고집을 부린다면 내용증명을 통해 법적인 절차를 밟겠다고 통지해야 합니다. 이때부터는 전략을 바꿔 단호하게 나서야 합니다. 물론 법적 절차를 밟는 것은 최후의 보루이니 내용증명을 보낸 이후 다시 한번 대화를 통해 설득해야 합니다.

만약 대출을 해야 한다면 대출은행을 결정하고 신청을 서둘러야 합니다. 필자도 대출 과정에서 어려움을 겪은 적이 있어 이 부분을 강조하고 싶습니다. 대출을 계속 유지할지, 전세로 상환할지도 생각해 봐야 합니다. 고금리 시기에는 이자 비용도 큰 부담입니다.

최후의 보루,
인도명령

강제로 명도하는 절차를 인도명령이라고 합니다. 최후의 보루지만 방법을 소개하면 다음과 같습니다. 인도는 점유하고 있는 부동산을 낙찰자에게 넘기는 일체를 말하고, 인도명령은 법원에서 점유자에게 점유하고 있는 부동산을 낙찰자에게 넘겨주라고 명령하는 결정을 내린 것입니다.

인도명령의 대상자는 소유자, 채무자, 대항력 없는 임차인 등 정당한 권리 없이 점유하고 있는 점유자로, 채무자를 상대로 인도명령을 신청하면 그 가족에게까지 효력이 미칩니다. 채무자가 다수라면 각각 인도명령을 신청해야 합니다. 인도명령은 법원에 방문하거나 대한민국 법원 전자소송(ecfs.scourt.go.kr)에서 신청할 수 있습니다. 부동산인도명령신청서를 작성하고 필요한 서류를 첨부해 제출하면 됩니다. 필요한 서류는 다음과 같습니다.

1. 부동산표시목록
2. 매각대금완납증명서
3. 수입인지
4. 송달료납부영수증

인도명령이 나고 결정문이 점유자에게 송달되면 그 이후 강제집행이 가능합니다. 일반적으로 강제집행한 물건은 수개월간 창고에 보관하고 보관료도 매월 발생합니다. 점유자로부터 물품을 가져가겠다는 연락이 오면 보관료를 징수한 후에 물품을 주면 됩니다. 만약 연락이 없거나 찾아가지 않겠다고 하면 경매 처분하면 됩니다. 낙찰자는 집행비용확정신청을 통해 결정문을 받고, 이를 근거로 보관된 물품을 압류하고 유체동산 경매 절차에 따라서 매각할 수 있습니다. 낙찰된 금액으로 집행비용을 충당하고 남는 금액은 채무자 명의로 공탁하면 끝납니다.

부록 | 경매 투자에 도움이 되는 사이트

1. 정부 및 공공기관

대한민국 법원(www.scourt.go.kr)

국세청(www.nts.go.kr)

법제처(www.moleg.go.kr)

통계청(kostat.go.kr)

국토교통부(www.molit.go.kr)

정부24(www.gov.kr)

대법원 인터넷등기소(www.iros.go.kr)

2. 경·공매

대한민국법원 법원경매정보(www.courtauction.go.kr)

온비드(www.onbid.co.kr)

지지옥션(www.ggi.co.kr)

굿프렌드경매(www.gfauction.info)

옥션원(www.auction1.co.kr)

스피드옥션(www.speedauction.co.kr)

3. 기타

네이버페이 부동산(land.naver.com)

다음 부동산(realty.daum.net)

KB부동산(kbland.kr)

부동산114(www.r114.com)

부동산지인(aptgin.com)

6장

부린이를 위한
조언

01
과도한 빚은
삼가야 한다

빚으로 투자를 시작하면 안 됩니다. 레버리지를 이용하지 말란 뜻이 아닙니다. 과도한 '영끌'을 지양해야 한다는 말입니다. 돈을 모아서 최소한의 종잣돈을 만든 다음에 투자를 시작해야 합니다.

우선 빚을 내면 마음을 잡기가 어렵습니다. 부동산을 사든, 주식을 사든 매수하는 순간부터 매매가를 끊임없이 지켜보게 됩니다. 그게 당연한 심리입니다. 마음잡고 안 보려고 해도 자꾸 눈이 가고 확인하게 됩니다. 뉴스를 안 보고, 네이버페이 부동산을 안 보고, 관련 앱을 끊어도 소용없습니다. 이 우주에 나 혼자만 있는 게 아니고, 나 혼자 조용히 결정해서 매수한 게 아니라면 시장에 떠도는 정보와 소음에서 자유로울 순 없습니다. 투자 과정에서 누군가와 의논했다면 더더욱 그렇습니다. 배우자가 알려주고, 회사 과장님이 알려주고, 친구가 SNS에서 이야기할 테니까요.

투자에 있어서 가장 중요한 것은 마음의 중심을 유지하는 것입니다. 빚을 지면 그게 어렵습니다. 과도한 영끌로 매달 비싼 이자를 내고 있다면 조금만 떨어져도 흔들리기 마련입니다. 시드머니 자체가 100% 빚이라면 가격의 등락에 따라 마음이 이리저리 요동치겠죠. 그래서 종잣돈을 모아야 합니다. 조금 느리고 더디더라도 예적금으로 착실하게 모아야 합니다.

월 100만 원씩 3년이면 3,600만 원입니다. 월 150만 원씩 3년이면 5,400만 원입니다. 그렇게 차곡차곡 모아야 합니다. 최소한 3천만 원이라도 모아서 시작해야 합니다. 그래야 마음을 잡고 건강하게 투자할 수 있습니다. 부동산이든, 주식이든, 채권이든, 금이든 모든 자산은 변동성이 있습니다. 그 변동성에 흔들리지 않으려면 종잣돈을 모은 다음 시작해야 합니다.

종잣돈을 모으는 2~3년의 기간 동안 투자에 대해 공부하길 권합니다. 아는 만큼 제대로 투자할 수 있으니까요. 다시 한번 강조하지만 절대로 빚으로 투자해선 안 됩니다. 레버리지를 아예 쓰지 말란 말이 아니라, 대출을 받더라도 어느 정도 내 돈이 투입되어야 한다는 뜻입니다.

종잣돈을 모을 때는 답답하고 더디더라도 주식, 펀드보다는 예적금이 낫습니다. 주식, 펀드를 하면 크게 모을 수 있을 것 같지만 실제로는 잃는 경우가 다반사입니다. 제대로 된 투자 원칙이 세워지지 않은 상태에서 투자를 시작한 것이기 때문입니다. 설사 요행으로 돈을 벌어도 잘못된 투자 습관이 생길 여지가 있습니다.

영끌이
위험한 이유

투자의 기본은 쌀 때 사서 비쌀 때 파는 것입니다. 영끌이 위험한 이유는 '언제'가 쌀 때인지 정확히 알 수 없기 때문입니다. 영끌을 하는 시점이 과연 쌀 때일까요? 안타깝게도 영끌을 하는 시점은 대개 비쌀 때일 확률이 높습니다. 지금 영끌을 고려하고 있다면 한번 주위 상황을 돌아보세요. 아무도 대출을 안 받고, 아무도 투자에 관심이 없는데 어느 날 갑자기 혼자 영끌을 고민하게 되었나요? 옆 부서 김 대리가, 이웃집 신혼부부가, 고향 친구 아무개가 영끌로 재미를 봤다는 소식을 접했기 때문은 아닌가요? 주변의 많은 사람이 영끌을 하고 있지는 않나요? 시장의 다수가 영끌까지 하면서 아웅다웅 부동산을 매입하는 상황이라면 높은 확률로 꼭지일 것입니다.

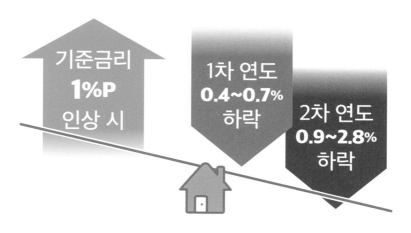

| 기준금리 인상과 집값의 상관관계 |

기준금리
1%P
인상 시

1차 연도
0.4~0.7%
하락

2차 연도
0.9~2.8%
하락

자료: 한국은행

영끌을 했는데 집값이 떨어지면 어떤 생각이 들까요? 그래도 집을 샀으니까 다행이라 생각할 건가요? 아니잖아요. 좀 더 있다가 살걸 하는 마음이 들 것입니다. 하락의 골이 깊어지면 은행에서 대출 연장 시 부분상환을 요청하기도 합니다. 일부 상환해야 대출 연기가 가능하다고 하면서요. 은행에서도 불안하니까 그런 것입니다.

만일 금리가 오르면 어떻게 될까요? 한국은행 조사국 물가연구팀, 동향분석팀, 전망모형팀의 조사에 따르면 기준금리가 1%p 오르면 2년 뒤 집값이 최대 2.8% 하락할 수 있다고 합니다. 금리 인상 기조가 이어지면 집값 하락 압력이 높아진다는 것인데요. 연구에 따르면 기준금리가 1%p 인상되면 금리가 현재 수준을 유지할 때와 비교해 집값은 1년 뒤 0.4~0.7%, 2년 뒤 0.9~2.8% 정도 내려가는 것으로 분석되었습니다. 떨어지는 집값도 문제지만 금리가 올라가면 이자 상환에 대한 부담이 커질 수 있습니다.

금리와 집값의 경우의 수는 크게 4가지입니다. 집값과 금리가 함께 올라가거나, 집값은 오르는데 금리만 내려가거나, 집값과 금리가 함께 떨어지거나, 집값은 떨어지는데 금리만 오르는 경우입니다. 영끌을 하면 집값은 올라가고 금리는 떨어지는 25%의 확률에서만 웃을 수 있습니다.

그뿐만 아니라 영끌을 하면 여유가 사라집니다. 빚이 많다 보니 좋은 타이밍이 와도 이직도 못하고, 유학을 가거나 취미활동에 돈을 쓰지도 못합니다. 결혼, 출산도 생각하기 힘들죠. 여유가 없을 테니까요. 우리가 인생을 살아가는 이유가 돈 때문만은 아닌데, 영끌을 하면 행복할 여유조차 사라집니다.

모든 투자에는 리스크가 있습니다. 그래서 그 리스크에 대한 어떠한 대비책이 항상 있어야 합니다. 언제 경기 침체가 일어날지 모릅니다. 전쟁의 우려도 도사리고 있고, 금리도 예측 이상으로 오를지 모릅니다. 특별한 변수가 없어도 자산의 가치는 언제나 변동성을 가지고 있습니다. 이에 대한 대비가 어느 정도 되어 있어야 제대로 된 투자를 할 수 있습니다.

대출 없이 집을 사란 말이 아닙니다. 눈높이를 조금 낮춰서 여유를 가지라는 뜻입니다. 영끌을 해야만 5억 원짜리 집을 살 수 있다면, 눈높이를 낮춰 4억 원짜리 집을 사고 1억 원 정도는 여유를 가져야 합니다. 모두가 영끌을 외칠 때 함께 들어가기보다는 부동산 공부를 지속적으로 해서 보는 눈을 키우고 보다 나은 매수 타이밍을 찾아야 합니다. 시장을 바라보는 눈을 키워야 합니다. 차라리 모두가 사지 말라고 할 때 영끌을 하는 게 낫습니다. 그렇게 여유를 두고 투자를 해야지 불안한 마음에 영끌을 해선 안 됩니다. 조급하면 무조건 지게 되어 있습니다. 주식 투자에서 기관이 항상 개인을 이기는 이유입니다.

02

협상은
기본이다

　후보 단지를 추리고 살 물건을 결정했다면 이제는 실제로 매수를 진행해야 합니다. 앞서 나와 잘 맞는 공인중개사를 찾아야 한다고 강조했는데요. '장부물건' 때문에 그렇습니다. 장부물건이란 장부에만 있고 인터넷에는 없는 물건을 말합니다. 왜 인터넷에 올리지 않을까요? 내놓기만 하면 바로 팔릴 물건이라고 판단했기 때문입니다.

　같은 지역에서 활동하는 공인중개사들은 그들만 사용하는 내부망을 통해 물건을 공유합니다. 일종의 공동중개인 셈이죠. 그래서 실제로 물건을 갖고 있는 물건지 공인중개사무소와 손님을 데리고 오는 공인중개사무소가 다른 경우가 많습니다. 그런데 한 공인중개사무소에서 물건도 가지고 있고 그걸 매수할 손님까지 있다면 어떨까요? 수수료를 독식할 수 있겠죠. 그래서 물건이 좋다고 판단되면 공유하지 않고 혼자만 갖고 있는 것입니다.

이런 물건을 찾아내야 합니다. 장부물건이 좋은 이유는 간단합니다. 부동산의 내재가치보다 내놓은 가격이 절대적으로 싼 경우가 많기 때문입니다. 이런 물건을 찾았다면 이제 본격적으로 '협상'을 시작해야 합니다.

협상을 잘하는 방법은 무엇일까요? 개인적으로 회사에서 영업일을 오래 하기도 했고, 협상과 관련된 책도 정말 많이 봤는데요. 이런저런 작은 기술이 많지만 협상의 정수는 서로 윈윈(win-win)하는 데 있습니다. 협상은 모두에게 도움이 되는 방향으로 진행될 때 성사될 확률도 높고 문제될 여지도 적습니다. 어느 한쪽이 일방적으로 이득을 보는 게 아니라 서로 얻는 게 있어야 한다는 뜻입니다.

수익률 높이는
협상의 기술

한 가지 예를 들어보겠습니다. 여러 공인중개사무소를 돌아다닌 끝에 감사하게도 좋은 장부물건을 하나 소개받게 됩니다. 인터넷에는 안 올라와 있는 시세보다 1천만 원 정도 저렴한 물건이었습니다. 공인중개사에게 슬쩍 이유를 물어보니 집주인이 사업을 하는 것 같다고 했습니다. 원래는 본인이 이 집에 들어오고 싶어서 갭투자를 했는데 최근에 사업이 좀 흔들리면서 급하게 내놓았다는 것입니다.

협상의 첫 번째 단계는 상황 파악입니다. 정보는 많으면 많을수록 좋습니다. 단 정확한 정보여야 합니다. 잘못된 정보를 입수하면 일을 그르칠 수 있습니다. 아무튼 매도자가 돈이 급하게 필요하다는 정보를 입수했고, 언제까지 필요한지 알기 위해 중도금을 늘리거나 날짜를 당겨도 될지 물어봤습니다. 당연히 좋다는 대답이 돌아옵니다. 그 말인즉슨 매도자가 정말 돈이 급하다는 뜻입니다. 이미 시세보다 저렴한 물건이었지만 여러모로 협상이 가능해 보였습니다. 집주인이 타지에 살고 있어 해당 지역 시세에 둔감한 상황이라 협상하기 용이해 보였습니다.

협상의 두 번째 단계는 시나리오를 짜는 것입니다. 취득한 정보를 바탕으로 다음의 3가지 시나리오를 만들었습니다.

1. 중도금 3천만 원 더 주고 매매가 1천만 원 깎기
2. 중도금은 그대로 두고 중도금 날짜만 당기고 매매가 1천만 원 깎기
3. 잔금일을 당기고 2천만~3천만 원 깎기

시나리오 순서대로 협상을 시도했고, 결국 2번으로 성사되었습니다. 여러 가지 시나리오를 염두에 두고 협상을 진행하면 각각의 상황에 맞게 대응이 가능합니다.

이때 협상의 세 번째 단계를 명심해야 합니다. 바로 상대방을 배려해야 한다는 것입니다. 협상을 진행할 때 중요한 것은 무작정 가격을 깎는 것이 아닌, 상대도 얻는 것이 있어야 나도 얻는 게 생긴다는 입장을 견지하는 것입니다. 내가 원하는 것에만 집중하면 어떤 협상도 쉽지 않습니다. 과도하게 상황을 나에게만 유리한 쪽으로 몰고 가면 이후 어떤 식으로든 탈이 나게 되어 있습니다. 저도 초보일 때 가격을 과도하게 깎다 결국 매수하지 못하고 놓친 물건이 여럿 있습니다. 이후 가격이 오르는 걸 보고 엄청 배가 아팠죠.

투자도, 협상도 핵심은 시장의 분위기를 보는 것입니다. 매도자 우위 시장에서는 투자도, 실거주 매수도 권하지 않습니다. 투자는 결국 싸게 사서 비싸게 파는 것입니다. 싸게 사기 위해서는 모두가 바라보지 않을 때, 외면할 때 진입해야 합니다. 그래서 매도자 우위 시장이라면 신중할 필요가 있습니다. 무엇보다 매도자 우위 시장에서는 협상이 어렵습니다. 거의 안 된다고 보는 게 맞습니다. 어차피 매수할 사람은 많을 테니까 말이죠.

매수자 우위 시장인 상황에서 매도자의 상황을 명확히 파악해 여러 가지 협상 시나리오를 만드는 것, 이것이 협상을 잘할 수 있는 노하우입니다. 세상에 살 만한 곳은 많고, 투자할 곳도 많습니다. 시장이 여의치 않다면 잠시 기다리는 것도 현명한 방법입니다. 급하면 그르치게 되어 있습니다. 좀 더 여유를 가지고 제3자의 입장에서 보는 노력을 기울여야 합니다. 스스로 그게 잘 안 된다면 투자 경험이 많은 고수, 그리고 주변 투자자와 폭넓게 대화를 나누는 것도 한 방법입니다. 그러다 보면 상황을 좀 더 객관적으로 볼 수 있습니다. 살 만한 곳, 투자할 만한 곳은 정말 많습니다. 여러 대안을 가지고 신중히 접근한다면 훨씬 더 많은 것을 얻을 수 있습니다.

한 가지 사례를 더 살펴보겠습니다. 어느 날 부동산에서 급하게 전화가 왔습니다. 제가 최근에 다녀온 지역의 공인중개사였습니다. 해당 지역은 매매가가 많이 폭락한 상황이었고 매수자가 아주 적었습니다. 그렇다고 매물이 많지는 않은 상황이라 공인중개사에게 원하는 가격을 말하고 조건에 맞는 물건이 나오면 연락을 달라고 부탁한 상황이었습니다. 시간이 흘러 그 지역에 대해 잊고 있던 중에 연락이 온 것입니다.

"지금 3억 원에 나온 집이 있는데요. 원하면 더 깎을 수 있을 것 같아요."

"왜요? 매도인이 많이 급한가요?"

"네, 엄청 급하다네요. 이유는 아직 모르겠어요."

"그래요? 그럼 왜 그런지 알아봐주시겠어요? 제가 주말에 보러 가겠습니다."

"알아보고 연락드릴게요."

누누이 강조하지만 상황 판단이 가장 중요합니다. 정보는 많이 알면 알수록 도움이 됩니다. 그렇게 전화를 끊고 주말에 매물을 보러 찾아갔습니다. 방문하니 집주인이 복잡 미묘한 표정이었습니다. 자연스럽게 대화를 이어나가다 "좋은 곳으로 이사 가시나요?" 하고 물었습니다. 표정이 좋으면서도 미묘했습니다. 좋은 기회로 급하게 이민을 가야 해서 집을 내놓았다는 것입니다. 집에 대한 애착이 많아 보였습니다. 급하게 이민을 가야 하는 상황이란 정보를 입수하고 협상을 시도했습니다. 잔금을 한 달 내로 입금한다는 조건으로 매매가를 1천만 원가량 깎을 수 있었습니다. 집주인도 돈이 급한 상황이었기에 원만히 협상할 수 있었습니다.

무엇보다 저는 집을 볼 때 칭찬을 많이 하는 편입니다. 집에서 따뜻한 느낌이 든다, 부분적으로 수리된 것이 참 깔끔하고 예쁘다, 집주인이 잘되어서 나가는 것을 보니 복이 넘친다, 나도 이런 집에서 살고 싶다 등 덕담을 많이 건넸습니다. 제 말이 얼마나 큰 영향을 끼쳤는지는 모르지만, 여러 집주인이 다른 매수 희망자를 제치고 저와 계약한 것을 보면 효과가 있었던 모양입니다.

이렇듯 협상은 서로에게 좋아야 합니다. 저만 좋아서도 안 되고,

상대방만 좋아도 안 됩니다. 서로에게 도움이 될 때 원만한 협상이 가능합니다.

03

계약 시 꼭 챙겨야
하는 8가지

놓치면 손해 보는
8가지 체크리스트

1. 표준매매계약서 양식

매매 계약이란 부동산의 소유권 및 권리 등을 매수자에게 이전하고 매도자는 그 대금을 지급받는 계약을 말합니다. 이를 문서로써 작성한 것이 매매계약서인데요. 표준매매계약서 양식과 현장에서 많이 쓰이는 기존 양식 2가지가 있습니다. 공인중개사무소에서 표준매매계약서 양식을 사용하는지 꼭 확인하기 바랍니다. 표준매매계약서 양식은 안에 확인해야 할 모든 사항이 포함되어 있어 안전하고 확실합니다.

2. 신원 확인

매도인의 신원 확인을 명확히 해야 합니다. 주민등록증, 여권 등의 신분증을 통해 신원을 확인하고, 등기부등본에 나온 정보가 매도인의 것이 맞는지 확인해야 합니다. 대리인과 계약을 해야 한다면 소유자의 인감도장과 인감도장이 찍힌 위임장, 인감증명서, 신분증 및 수임인의 신분증이 필요합니다. 가끔 공인중개사가 자신이 잘 아는 사람이라며 신원 확인 과정을 넘기기도 하는데, 큰돈이 오가는 만큼 절차를 지켜달라고 요청해야 합니다.

3. 등기

등기는 대법원 인터넷등기소에서 확인 가능합니다. 우선 표제부에 있는 내용이 실제 내가 계약하려고 하는 집주소와 동일한지 확인해야 합니다. 그리고 내가 계약하려고 하는 사람과 등기상 소유주가 일치하는지도 확인해야 합니다. 아니라면 위임장이 필요하고요. 위장계약으로 피해를 볼 수 있으니 잘 확인합니다.

마지막으로 가장 중요한 것은 소유권 외의 권리(저당권, 근저당권, 전세권, 지역권, 지상권 등)입니다. 매수할 계획이라면 근저당이 없어야

겠죠? 잔금을 치르기 전에 매도인의 근저당권 설정이 해지되었는지 꼭 확인해야 합니다. 잔금을 치르면서 진행하는 경우 당일에 은행을 통해 추가로 확인해야 합니다. 해당 은행에 연락해서 담당자를 찾아달라고 요청해 이중으로 확인해보기 바랍니다. 참고로 은행에서 대출을 받으면 대출금의 120%까지 근저당권이 설정됩니다. 금액이 커도 놀랄 필요는 없습니다.

등기는 대개 계약 당일에 공인중개사가 발급해줍니다. 인터넷으로도 출력 가능하니 계약 전에 미리 확인해보기 바랍니다. 등기만 꼼꼼히 살펴도 대부분의 부동산 사기는 피할 수 있어요.

4. 대출 확인

등기에서 대출(근저당권)이 잡혀 있는지 꼭 확인해보기 바랍니다. 매도자가 대출을 상환했다면 등기에서 대출이 없어졌는지 확인해야 합니다. 반대로 매수자인 내가 대출을 받아 매수할 계획이라면 미리 대출 가능 여부를 확인해야 합니다. 대출이 불가할 경우 계약 해지 여부도 사전에 협의해야 합니다.

5. 합의사항 확인

계약서를 작성한 뒤에도 다시 한번 합의사항을 꼼꼼하게 읽고 그대로 이행되고 있는지 확인해야 합니다. 집의 상태에 대한 내용, 계약

조건에 대한 내용, 중도금과 잔금에 대한 내용까지 꼼꼼하게 확인하기 바랍니다.

6. 잔금일 준비물

잔금을 치르는 날 필요한 준비물을 챙겨야 합니다. 주민등록등본, 주민등록초본, 가족관계증명서, 인감도장, 잔금액, 중개수수료, 취득세, 법무사 수수료 등이 필요한데요. 담당 공인중개사가 확인해주겠지만 혹시 모르니 잘 챙기세요.

7. 관리비 및 공과금 정산

매도인이 영수증을 준비해 오는 게 정석이지만 대부분 공인중개사무소에서 챙겨줍니다. 잔금을 처리할 때 바로 입금하는 경우도 있고, 매수인에게 따로 보내기도 합니다.

8. 장기수선충당금

세입자가 있었다면 매도인이 세입자에게 지불해야 합니다. 매도인이 살고 있던 실거주라면 신경 쓰지 않아도 됩니다.

04
갭 메우기와
블루칩 효과

갭 메우기란
무엇인가?

부동산이 활황일 때 많이 들었던 말이 '갭 메우기'일 것입니다. 요즘은 왜 그 말이 거의 안 들릴까요? 부동산 시장이 안 좋아서 그렇습니다. 부동산이 좋아지면 다시 바로 듣게 될 것입니다.

상승기일 때 도시의 한 지역이 상승하면 주변 다른 지역으로 도미노처럼 상승세가 번지는 것을 갭 메우기라고 합니다. 오른 지역과 안 오른 지역 사이의 갭이 메워진다고 해서 붙여진 말입니다. '키 맞추기'라고도 하죠. 가격이 상승하면서 생기는 부동산의 특성 중 하나입니다. 상승장에서는 특정 지역 또는 특정 아파트만 상승하는 것이 아닌, 이렇게 지역 단위로 도미노처럼 상승세가 전가됩니다.

상식적으로 생각하면 쉽게 이해되는 현상입니다. 누구나 갖고 있는 돈으로 살 수 있는, 가능한 한 최고의 자산을 사고 싶어 합니다. 그런 최고의 자산의 가격이 오르면 그다음 급지를 노리게 되고, 그다음 급지까지 가격이 오르면 다시 차순위를 찾습니다. 그렇게 도미노처럼 가격이 흘러갑니다.

예를 들어 서울은 강남구에서 상승이 시작되면 서초구, 송파구 그리고 강동구로 넘어갑니다. 이 흐름은 분당을 거쳐 수지와 광교로 이어집니다. 과천으로 옮겨가면서 안양으로 가고 동작, 영등포, 구로, 부천으로 흘러갑니다. 학군으로 넘어가는 시기에는 강남구, 목동, 여의도, 용산이 비슷한 시차를 두고 움직입니다. 부산은 해운대를 기점으로 수영구, 남구, 연제구로 이동하는 경우가 많습니다. 대구는 수성구를 기점으로 달서구로 이동합니다.

이렇게 갭 메우기는 구에서 구로, 동에서 동으로 이동합니다. 최근에는 이 흐름이 더 빨라지는 경향이 있습니다. 투자에 대한 관심이 높아지고, SNS의 발달로 정보가 빠르게 퍼지고, 각종 커뮤니티를 통해 전달되는 정보의 양이 광범위하기 때문입니다.

갭 메우기가 시작되면 어디에서부터 발원되고 있는지 아는 것이 중요합니다. 그걸 알면 언제 들어가면 좋을지 가늠이 되기 때문입니다. 대장 아파트를 보는 이유가 여기에 있습니다. 내가 매수하고 싶은 지역이 어디쯤에 위치하고 있는지 파악한 다음, 갭 메우기가 시작되면 순서상 언제 들어가면 좋을지 판단해보기 바랍니다. 상승장이든 하락장이든 써볼 수 있는 아주 좋은 방법입니다.

똑똑한 한 채,
블루칩 효과

왜 비싼 아파트는 갈수록 더 비싸질까요? 상승기 때 왜 저렴한 아파트보다 많이 오를까요? '똑똑한 한 채'라는 말을 많이 들어봤을 것입니다. 똑똑한 한 채는 왜 상승폭이 클까요? 부동산에는 '블루칩 효과'라는 것이 있습니다. 낮은 주거환경에서 높은 주거환경으로 끊임없이 이동하는 현상을 말합니다. 우리 모두는 좀 더 좋은 곳에서 살고 싶은 마음, 가능하면 좀 더 쾌적한 환경에서 살고 싶은 그런 욕구가 있습니다. 그것이 매매가로 드러나는 현상이 블루칩 효과입니다.

예를 들어 도심의 주거환경이 노후화되면 일부 인구는 자연스럽게 외곽의 신축으로 이동합니다. 그래서 고소득층이 외곽으로 빠져나가는 현상이 나타납니다. 그런데 생각해보세요. 도심의 인프라를 포

264

기하고 외곽으로 나가기가 쉬울까요? 인프라, 직장, 학군 등을 포기하고 외곽으로 나갈 수 있을까요? 아무리 신도시를 잘 꾸며놓고 인프라를 갖춘다고 해도 도심을 대체할 수는 없습니다. 그래서 도심에 신축이 들어서면 난리가 나는 것입니다. 너도 나도 들어가고 싶어서 난리가 나다 보니 가격이 급등합니다.

상위 소득계층일수록 더 좋은 주거환경으로 이동하려는 속성이 있습니다. 그러다 보니 어느 지역이든 부자들이 거주할 수 있는 곳을 일정 부분 지속적으로 제공해야 한다는 논리가 생깁니다. 그렇게 하지 않으면, 정확하게는 고소득층이 거주할 수 있는 주택을 공급하지 않으면 일부 대장 아파트는 더 강한 상승 압력을 받을 수밖에 없습니다. 이건 좋다 나쁘다를 떠나서 자본주의에서 나타나는 자연스러운 현상입니다. 돈이 있으면 더 좋은 곳에 살고 싶어지고 되도록 그게 도심이었으면 하는 마음도 듭니다. 그래서 강남과 같은 핵심 입지에 신축이 들어서면 더 많이 오를 수밖에 없습니다.

다른 지역도 동일합니다. 지방에서도 대형 평형과 고가 주택의 상승세가 두드러지는 것이 그러한 이유입니다. 아마 본인이 사는 지역을 조금만 둘러보면 알게 될 것입니다. 저기는 부자가 사는 곳이라고 인식되는 아파트 단지가 어디에나 있습니다. 상승기 때 그곳의 가격은 이해가 안 될 정도로 높게 오르겠죠.

블루칩 효과는 도심 지역 개발이 제한적이고 고급 주택이나 대형 평형의 공급이 수요보다 적을 때 심해집니다. 그래서 고소득자를 위한 높은 수준의 주택 개발은 늘 일정하게 필요합니다. 블루칩으로 꼽히는 단지는 상승장 때 더 높은 상승 압력을 받게 됩니다. 한남동의 엄청난 가격의 집들이, 수십억 원을 호가하는 강남의 집들이 상승기 때 돋보이는 이유입니다.

다시 한번 강조하지만 모든 지역에는 고급 주택에 대한 일정한 수요가 있습니다. 이런 아파트를 '대장 아파트' '부자 아파트' 등으로 표현합니다. 고소득층이 주로 살기 때문에 상승기 때 상대적으로 가격 저항성이 낮습니다. 그래서 상승기 후반으로 갈수록 고가의 주택은 상승폭이 커집니다. 하락기에도 가장 잘 버티는 것이 이런 대장 아파트입니다. 투자자들 사이에서 똑똑한 한 채라는 말이 나온 배경입니다.

05
당신이 투자에
실패하는 이유

우리가 투자에 실패하는 이유는 무엇일까요? 주식 투자를 예로 들어보겠습니다.

첫 번째 실패의 이유는 기대수익률이 너무 높기 때문입니다. 그러면서도 빠른 결과를 얻고 싶어 합니다. 한 개인이 자기계발을 통해 변화하고 발전해나가는 데는 시간이 걸립니다. 짧게는 수개월에서 수년이 걸리기도 합니다. 기업도 마찬가지입니다. 구조를 개선하고 발전하기까지 인고의 시간이 필요합니다. 그런데 투자에서는 불과 몇 달만에 수익을 얻고 싶어 합니다.

내가 투자하는 회사가 몇 달 만에 빠르게 발전할 수 있을까요? 그

기업에 대한 평가인 주가도 단기간에 확 올라가는 경우는 드뭅니다. 가끔 기업은 발전 없이 그대로인데 단기간에 올라간 주식이 있다면 그건 시장에 대한 기대감이고, 거품이 있을 수밖에 없습니다. 무리하게 단기간에 높은 기대수익률을 추구한다면 투자가 아닌 투기를 하는 것입니다.

두 번째 실패의 이유는 정답만 알고 싶어 하고 그 과정을 무시해서 그렇습니다. 어떤 주식을 사야 하고, 언제 어떤 가격에 사서 언제 어떤 가격에 팔아야 하는지에 대한 '답'만을 원합니다. 그래서 매번 속으면서도 소위 전문가라 불리는 이들의 시황 분석과 예측에 휘둘립니다. 기업을 분석하고, 산업을 공부하고, 미래를 가늠하고, 투자 원칙을 세우고 지켜나가야 하는데 그 과정은 무시하고 정답만을 원합니다. 과정은 없고 답만 원하니 리딩방을 따라가게 됩니다. 언젠가는, 아니 아주 빠른 시일 내에 뒤통수를 맞을 수밖에 없는 구조입니다.

'나'를 알면
백전백승

그럼 어떻게 해야 투자를 잘할 수 있을까요? 먼저 소액으로 투자하면서 자신의 투자 성향을 파악해봐야 합니다. 1천만 원이 있다면 1/10인 100만 원만 가지고 투자를 해보는 것입니다. 투자에 있어 '나'를 아는 것은 정말 중요합니다. 투자는 긴 호흡으로 해야 하고 참고 인내하는 시간이 생각보다 깁니다. 사실 타인의 관점에서 보면 견디는 시간이 그렇게 길지는 않지만, 내 돈이 들어간 상황에서는 하루하루가 정말 길게 느껴집니다.

가장 중요한 것은 나의 성향을 아는 것입니다. 내가 단 하루의 손실도 견디기 힘든 타입이라면 스캘핑이나 데이트레이딩을 하는 게 맞습니다. 데이트레이더는 장이 끝나면 마음이 편합니다. 갖고 있는 주식이 없으니 리스크를 느낄 필요도 없겠죠. 그런데 저처럼 장기 투자를 하는 사람은 소유한 주식이 없는 상황이 더 불편합니다. 어떠한 산업이 장기적으로 발전 가능성이 높다면 자본주의의 속성상 자산의 가치가 우상향할 수밖에 없다는 걸 뼈저리게 느꼈기 때문입니다.

인내심 있는 사람은 장기 투자가 훨씬 마음이 편합니다. 매일 차트를 들여다보기보단 분할 매수를 하고 그냥 잊고 사는 게 더 좋습니다. 그 시간에 산업을 연구하거나 기업을 분석하거나 거시경제를 공부하는 등 다른 역량을 키웁니다.

자기 자신을 알아가는 과정이 필요하니 1~2년 정도는 꼭 소액으로 투자해보길 권합니다. 그런데 이게 생각만큼 쉽지 않습니다. 같이 하는 사람이 있다면 그나마 할 수 있습니다. 서로 북돋아주고 본능을 붙잡아줄 테니까요. 그런데 혼자라면 정말 힘듭니다. 그럴 때는 차라리 그냥 하고 싶은 대로 해보는 것도 나쁘지 않습니다. 바닥을 경험해 봐야 교훈을 얻는 분도 있을 테니까요.

무엇보다 주식을 사고파는 뚜렷한 이유가 있어야 합니다. 주식뿐만 아니라 부동산이면 부동산, 금이면 금에 대한 깊은 이해가 필요합니다. 투자에 쓰이는 돈은 우리 인생에 있어 정말 중요한 돈입니다. 투자라는 중요한 결정을 뚜렷한 이유 없이 하면 안 됩니다. 시간과 여유를 갖고 이유가 명확할 때 투자를 진행해야 합니다.

처음에는 고수라 불리는 이들의 투자 원칙을 벤치마킹해서 따라 하기 바랍니다. 그러려면 여러 권의 책을 읽고 공부해야겠죠? 나름대로 투자 원칙을 세웠다면 그때부터 산업을 공부하고, 기업을 분석하고, 시장을 읽는 눈을 키우길 바랍니다. 주식을 예로 들었지만 부동산도 크게 다르지 않습니다.

부록 | 집값의 바로미터, 자가보유율

집값의 바로미터라 할 수 있는 지표가 있습니다. 바로 자가보유율입니다. 자가보유율은 전체 가구수에서 자가 보유자가 차지하는 비율을 뜻합니다.

계산법은 다음과 같습니다.

(자가 보유 가구수÷총가구수)×100

자가를 보유하지 못했다는 건 전세나 월세, 즉 임대 비율에 속한다는 뜻입니다. 자가보유율이 중요한 이유는 임대 비율을 알 수 있기 때문입니다. 자가를 선택하지 않고 전월세를 선택했다면 그 나름의 이유가 있을 것입니다. 돈이 문제일 수도 있고, 세금 때문에 그렇게 할 수도 있고, 입주 시기가 안 맞아서 일시적으로 내린 선택의 결과일

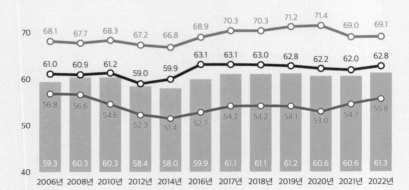

| 지역별 자가보유율 |

■ 전국 ○ 수도권 ○ 광역시 등 ○ 도 지역

(단위: %)

	2006년	2008년	2010년	2012년	2014년	2016년	2017년	2018년	2019년	2020년	2021년	2022년
광역시 등	68.1	67.7	68.3	67.2	66.8	68.9	70.3	70.3	71.2	71.4	69.0	69.1
수도권	61.0	60.9	61.2	59.0	59.9	63.1	63.1	63.0	62.8	62.2	62.0	62.8
도 지역	56.8	56.6	54.6	52.3	51.4	52.7	54.2	54.2	54.1	53.0	54.7	55.8
전국	59.3	60.3	60.3	58.4	58.0	59.9	61.1	61.1	61.2	60.6	60.6	61.3

자료: 국토교통부

수도 있겠죠.

핵심은 임대 비율이 곧 잠재적인 매수 수요라는 것입니다. 잠재 수요는 언제든 집을 매수할 수 있는 수요로 바뀔 수 있습니다. 당연히 모든 잠재 수요가 다 매수에 참여한다는 의미는 아닙니다. 경제 여건이 좋아지거나, 대출이 더 잘 나오거나, 부동산 가격이 올라가거나, 전세가가 매매가에 가깝게 붙는 등 여러 이유로 잠재 수요는 매수 수요로 돌아설 수 있습니다. 우리가 전월세 수요를 유심히 봐야 하는 이유입니다.

전국 자가보유율 지표를 보면 2008년부터 2012~2014년까지 하락세를 보였음을 알 수 있습니다. 2008년 글로벌 금융위기 이후 서울 집값은 긴 하락장에 들어갔는데요. 그때부터 자가보유율이 급격히 떨어졌음을 확인할 수 있습니다. 집값 하락으로 매수 수요가 전세 수요로 넘어간 것이죠.

2014년부터 서울의 매매가가 다시 상승하는데 그때부터 자가보유율은 늘어납니다. 집값 하락으로 매수 수요가 전월세로 이동하며 한동안 시장의 상승 압력을 높였기 때문입니다. 누적된 잠재 수요가 전세 수급이 늘고, 전세가율과 전세가가 상승하자 상승기 때 매수 수요로 돌아선 것입니다. 자가보유율은 2018년 잠시 주춤하다가 코로나19 시기 때 더욱 상승합니다.

코로나19 위기를 타계하기 위해 2020년 전무후무한 유동성이 풀리면서 매매가와 자가보유율은 급격히 치솟습니다. 누적된 잠재 수요가 줄어들면서 자가보유율이 올라갈 때는 매수 수요가 점점 약해지고 있다고 봐야 합니다. 자가를 원하던 사람들이 집을 구매해서 자가보유율이 높아지면 시장을 끌어올리는 에너지가 사라지거나 흡수되어 하락장으로 전환될 수 있습니다. 그래서 상승장에서도, 하락장에서도 자가보유율을 통해 수요의 이동을 확인해야 합니다.

특히 가구수와 세대수가 많은 지역일수록 긴 시간 자가보유율이 올라가지 않고 정체되어 있었다면 내부에 쌓인 에너지가 크다고 볼 수 있습니다. 반대로 자가보유율이 조금씩 계속 올라갔다면 쌓인 에너지가 크게 없으므로 오르더라도 상승폭이 작을 것이고, 전세 수급도 양호한 수준에서 유지될 것입니다.

정리하면 자가보유율의 증감은 집값의 바로미터라 할 수 있습니다. 향후 매매가가 올라갈지 떨어질지, 오른다면 그 에너지가 어느 정도일지 확인할 수 있는 중요한 지표입니다.

가성비 좋고 수익률 높은
마법의 소액 부동산 투자

초판 1쇄 발행 2024년 1월 30일
초판 2쇄 발행 2024년 2월 5일

지은이 | 북웰스 곽상빈
펴낸곳 | 원앤원북스
펴낸이 | 오운영
경영총괄 | 박종명
편집 | 이광민 최윤정 김형욱 김슬기
디자인 | 윤지예 이영재
마케팅 | 문준영 이지은 박미애
디지털콘텐츠 | 안태정
등록번호 | 제2018-000146호(2018년 1월 23일)
주소 | 04091 서울시 마포구 토정로 222 한국출판콘텐츠센터 319호(신수동)
전화 | (02)719-7735   팩스 | (02)719-7736
이메일 | onobooks2018@naver.com   블로그 | blog.naver.com/onobooks2018
값 | 20,000원
ISBN 979-11-7043-493-1 03320